3日でマスター！

京都検定

3級 虎の巻

京都新聞出版センター

# 目 次

## 歴史・史跡

## 神社・寺院

## 建築・庭園・美術

## 芸術・文化

## 生活・行事

# 本書の特徴と使い方

**1** 本書では、京都検定3級の過去問題に基づいて**出題率が高いトピックのみを厳選**し、全9カテゴリーに分類。これさえマスターすれば合格がグンと近づきます。

**2** 各ページの上段には、**合格のために覚えておきたいトピックを箇条書き**にまとめました。下段の解説を読めば、さらに理解が深まります。

**3** トピックの重要ポイントは赤字になっており、**付属のチェックシートを併用すれば、効果的に学習**することができます。

**4** 巻末の「自分でつくる用語集」には、忘れやすい語句を書き留めておきましょう。**オリジナルの用語集**を作ることができます。

# 秦氏について

- 秦氏(はた)は優れた**土木技術**で桂川流域を開発し、**養蚕**や**機織り**などの新しい技術を伝えた。

---

- 「**太秦**(うずまさ)」は秦氏が**絹**をうず高く積んで、天皇に献上したことにちなむ地名とされている。

　秦氏は応神天皇の御代に朝鮮半島から渡来し、現在の太秦一帯を本拠として隆盛を極めた。なかでも族長の秦河勝(かわかつ)は聖徳太子の有能な側近として活躍、太秦・広隆寺の前身となる蜂岡寺を創建したとされる。『日本書紀』によると推古天皇11年（603）、聖徳太子から大事な仏像を譲り受け、寺を創建して祀った。この仏像が、国宝第一号に指定された広隆寺の弥勒菩薩半跏思惟像(みろくぼさつはんかしゆいぞう)（宝冠弥勒）とも考えられている。秦河勝は猿楽の祖で、能楽の観阿弥(かんあみ)・世阿弥(ぜあみ)も子孫との説もある。

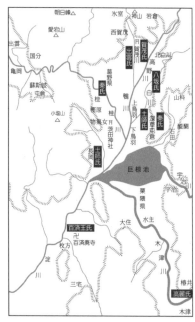

古代京都の氏族分布図

# 平安京について

- 延暦13年（794）、桓武天皇は長岡京から都を遷し、新都を「平安京」とした。

- 平安京は「四神相応之地（しじんそうおうのち）」で、北は玄武（げんぶ）、南は朱雀（しゅじゃく）、東は青龍（せいりょう）、西は白虎（びゃっこ）が守護するとされ、それぞれに相当するのは、丘陵—船岡山、大池（おおいけ）—巨椋池（おぐらいけ）、流水—鴨川、大道—山陰道と考えられている。

古代中国では、方位や地相の吉凶を見る思想を「風水」といい、「四神相応之地」とは風水において最も「吉相の地」をいう。北に山、南に大池があり、東は河川、西を大道で囲まれた地で、東西南北の四方を中国の伝説上の四神獣が守護するため、最良の地とされている。この四神獣は、玄武が蛇が巻きついた亀、朱雀は朱色の聖鳥、青龍は青い龍、白虎は白い虎とされ、平安京では玄武は船岡山、朱雀は巨椋池、青龍は鴨川、白虎は山陰道があてられた。

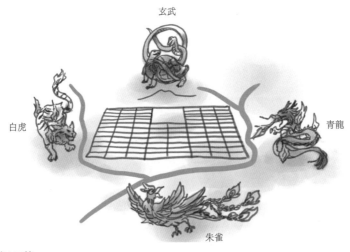

玄武

白虎

青龍

朱雀

平安京と四神

# 平安京の構造について

- 平安京は、唐の**長安城**をモデルとして造られた。

- 右京と左京に区別され、それぞれ「**長安城**」「**洛陽城**」と呼ばれた。

- 道路は碁盤目状に整備され、この区画制度を「**条坊制**」という。

- 中央には、幅約85mの**朱雀大路**が南北に走り、その南端には平安京の正門・**羅城門**が立っていた。

- 天皇の居所である内裏の正殿「**紫宸殿**」は**南**向きに建てられ、前庭には左近の**桜**、右近の**橘**が植えられていた。

　唐では長安城（現・陝西省西安市）のほか、洛陽城（現・河南省洛陽市）や太原城（現・山西省太原市）など複数の都市を首都とする複都制を採用していた。洛陽は長安と並んで繁栄し、「西京」と呼ばれた長安に対し、「東都」「東京」と呼ばれた。そのため平安京の東にある左京は「東京」、西にある右京は「西京」とも称され、左京を「洛陽城」、右京を「長安城」と呼ぶようになった。のちに右京は廃れたため京を「洛」で表すようになり、「洛中」「洛外」の言葉も生まれた。

羅城門遺趾の碑（南区 唐橋花園児童公園内）

# 六波羅探題について

- 平安時代、六波羅は平家一門の拠点であったが、承久の乱後、鎌倉幕府は朝廷の監視と洛中警護、西国支配のために、六波羅探題を設置した。

平安京の鴨川東岸の五条大路（現・松原通）から七条大路付近を「六波羅」といった。平安時代中期の僧・空也がここに西光寺を創建し、後に「六波羅蜜寺」と呼ばれたことから地名となった。平安時代後期、この辺りを平家が本拠地とし、平家滅亡後は承久の乱で京に攻め上った北条泰時・時房が館を建てて住み、乱後の処理にあたったのが六波羅探題の起源。元弘の乱での後醍醐天皇方の攻撃により消滅した。現在、六波羅蜜寺境内に跡碑が立っている。

六波羅探題府跡の碑（六波羅蜜寺境内）

# 足利義満について

- 足利義満は**室町幕府の第三代将軍**で、**南北朝の合一**を達成、幕府の権力を確立した。

- 義満が現在の今出川通室町付近に建てた邸宅「室町殿」は、「**花の御所**」と呼ばれた。

室町殿は当時の御所の2倍の広さの敷地があった。天皇や公家に対する足利義満のアピールだった。鴨川から水を引き、全国の大名から贈られた花木を植えたので、「花の御所」の名が付けられたという。平成14年（2002）、同志社大学の会館敷地内から室町殿の遺構が発掘された。北東角の鬼門を守る祠の基礎とみられている。「室町殿」の名は屋敷の正門があった室町通から付けられ、「室町幕府」の名も生まれた。広大な屋敷は応仁・文明の乱で焼失した。

# 応仁・文明の乱について

- 応仁・文明の乱は、**足利義政の後継者問題**や管領の畠山・斯波両家の家督争いに端を発する内乱である。

- 応仁元年（1467）、**上御霊神社**の森で戦端が開かれた。

- 東軍総大将・**細川勝元**と対立し西軍を率いた**山名宗全**が陣を構えた地には、「**西陣**」の地名が付いた。

応仁・文明の乱は11年の長きに及んだ。主戦場は京都だが、後半には一部を除いて全国に広がり、多くの守護大名らを巻き込んで泥沼化した。京の都は戦火に焼かれ、寺社、公家・武家屋敷は焼失。足軽の略奪や放火も横行し、見るも無残に荒れ果てた。京の民は困窮し、疫病も蔓延。それでも足利義政は民に税や労役を課して、東山山荘を造営し風流を好んだ。現在も、京都の人々にとって「先の大戦」とは太平洋戦争ではなく応仁・文明の乱のことだと、まことしやかにささやかれている。

応仁の乱勃発地の碑（上御霊神社境内）

# 豊臣秀吉の政策について

- 豊臣秀吉は平安京の内裏跡である内野に聚楽第を築造し、後陽成天皇の行幸を迎えた。

- 天正15年（1587）、北野天満宮の境内で北野大茶湯を催した。

- 寺町通の名は、秀吉が行った都市改造の一環として洛中散在の寺院が集められたことに由来する。

関白太政大臣に上り詰めた豊臣秀吉は、応仁・文明の乱で荒れ果てた京の都を復興させるために、大規模な都市改造政策を実施。御土居もその一環。京都を囲む全長約22.5kmの土塁と堀で、御土居の内側を「洛中」、外側を「洛外」と呼んだ。現在も土塁・堀跡が何カ所か残る。築造の目的は、鴨川の氾濫を食い止めるため、洛中・洛外を区別することで八坂神社や延暦寺などの寺社の権力が及ぶのを遮るため、秀吉の力の誇示のためなどといわれている。

# 二条城について

- 二条城は、**徳川家康**が上洛時の宿所や京都の警護のために造営し、後の**東福門院**が後水尾天皇の女御として入内する際にも使われた。

- 国宝の**二の丸御殿**は寛永3年（1626）の後水尾天皇行幸に備えて大改修され、**狩野派**による豪華な障壁画が残る。

- 寛永11年（1634）の**徳川家光**を最後に、将軍の上洛・入城は、幕末に**家茂**が訪れるまで途絶えた。

- 慶応3年（1867）、**徳川慶喜**が朝廷に政権を返還する**大政奉還**の舞台となった。

- 二の丸御殿は明治4年（1871）から18年までの間、**京都府庁**として使われた。

- 世界遺産に登録され、現在正門として、**堀川通**に面した**東大手門**が使われている。

　二条城は関ヶ原の戦いの3年後の慶長8年（1603）に完成した。城を天皇の在所がある京都に造ることで、徳川家康は都と西国に幕府の威信を誇示した。さらに豊臣の世ではなく徳川の世であることを天下に知らしめようと、慶長10年、二条城に豊臣秀頼を呼び寄せようとするが、淀殿の反対に遭う。慶長16年、再びの要請でついに秀頼は二条城を訪れる。徳川が豊臣を臣従させた舞台ともなった。家康は大坂の陣でもこの二条城から出陣した。

歴史・史跡

# 京都守護職について

- 京都守護職は文久2年（1862）、京都の治安維持などのために設置された江戸幕府の役職で、**会津藩主・松平容保**が初代に任じられた。

- 会津藩は幕末、「黒谷さん」として親しまれる**金戒光明寺**を本陣とした。

　幕末の京都は尊王攘夷派による暗殺が横行し治安が悪化していた。会津藩主の松平容保は、将軍後見職の一橋（徳川）慶喜や政事総裁職の松平春嶽から再三にわたって京都守護職の就任を要請されたが、あまりに危険なため何度も固辞した。家老の西郷頼母らも「薪を背負って火を救うようなもの」と反対するが、容保は藩祖の保科正之による「徳川将軍に一心に忠義を尽くすべきである」との家訓に従い、京都を死地とする覚悟で引き受けた。

金戒光明寺高麗門

14

# 坂本龍馬について

- 坂本龍馬は**土佐**出身で、薩長同盟の締結や大政奉還（たいせいほうかん）の実現に功績を残した人物である。

- 伏見の**寺田屋**で、伏見奉行配下の捕り方の襲撃を受けたが、**お龍**の機転や高杉晋作から贈られたピストルで迎撃し、難を逃れた。

- 慶応3年（1867）4月、海運を行う**海援隊**を結成し、その隊長になる。そして材木商の**酢屋**に京都本部を設けた。

- 慶応3年（1867）11月、潜伏先の醤油商・**近江屋**で**京都見廻組**の襲撃を受け、中岡慎太郎と共に殺害された。

- 龍馬と中岡の墓所は、京都市街を一望できる東山の**京都霊（りょう）山護国神社（ぜん）**にある。

毎年、11月15日の坂本龍馬の命日には龍馬祭が催され、多くの龍馬ファンがお参りする京都霊山護国神社は、東山区・高台寺の南にある「維新の道」を上り切った所にある。明治天皇により、維新に命を懸けた志士たちの霊を祀るために創建された官祭招魂社である。木戸孝允（たかよし）、中岡慎太郎、古高俊太郎ら幕末の志士たちのほか、日清、日露、太平洋戦争などの戦死者の霊が祀られている。

坂本龍馬・中岡慎太郎遭難之地の碑
（近江屋跡・河原町通蛸薬師下ル）

# 槇村正直について

- 槇村正直（まきむらまさなお）は第二代京都府知事で、明治時代初期の京都の振興に尽力した。

- 舎密局（せいみきょく）・女紅場（にょこうば）・勧業場の設置、新京極（しんきょうごく）の開通などを推進した。

槇村正直は、事実上の東京遷都によって衰退した京都の復興を目指し、大胆な近代化を推進。理化学研究学校の舎密局を設立し、ドイツの化学者ゴットフリート・ワグネルを教授として招聘（へい）した。舎密局ではワグネルの指導で陶磁器や七宝の釉薬（しっぽう ゆうやく）、ガラス、氷砂糖、ラムネ水、石鹸、漂白粉などを製造し、技術革新に貢献。槇村はほかに日本初の小学校の開設、博覧会の開催、女学校・女紅場の創設、都をどりの実施など、まさに八面六臂（ろっぴ）の活躍をした。

# 琵琶湖疏水について

- 琵琶湖疏水事業は、琵琶湖の水を発電・舟運などに活用するため、第三代京都府知事・**北垣国道**（くにみち）により推進された。

- 明治18年（1885）、工事に着手し、責任者には**田邉朔郎**（たなべさくろう）が任命された。

- **南禅寺**の境内には疏水の支流が流れる**水路閣**が建築された。

- 琵琶湖疏水の付帯工事として、**蹴上**（けあげ）に日本初の事業用**水力発電所**が建設された。

　琵琶湖と京都の間には長等（ながら）山があり、琵琶湖疏水建設は難事業だった。疏水を利用した舟運は大津から長等山のトンネルを抜け、山麓をめぐって蹴上に出、落差約36mの急勾配を「インクライン」という傾斜鉄道で下って京都市内に入った。インクラインの下のトンネルは「ねじりまんぽ」と呼ばれ、内部のレンガが渦を巻くように螺旋（らせん）状に積まれていて、入り口から奥に吸い込まれるような奇妙なトンネルだ。

建設中の水路閣（南禅寺境内）

# 寺田屋について

- 寺田屋は伏見にあった元船宿で、伏見港と**大坂**を結ぶ航路の途中の寺田屋浜に建っていた。

- 幕末に起こった**寺田屋騒動**の舞台として有名。尊王攘夷を掲げる薩摩藩急進派と薩摩藩鎮撫使との乱闘事件である。

- 薩長同盟締結後、長府藩士・三吉慎蔵とともに宿泊していた坂本龍馬が襲撃されたのも寺田屋。妻となる**お龍**の機転や高杉晋作から贈られたピストルで迎撃し、難を逃れた。

- 寺田屋横には、寺田屋騒動で命を落とした薩摩藩九烈士や**坂本龍馬関係の碑**（寺田屋恩賜紀念碑）などが建っている。

　江戸時代には、伏見港から淀川を通って大坂・八軒家などを結ぶ水上交通が盛んに用いられており、伏見には約40軒の船宿があった。寺田屋もその一つ。淀川を上下する旅客専用船「三十石舟」の客で賑わったという。また寺田屋は幕末に起きた2つの事件の舞台としても有名。一つ目は文久2年（1862）の寺田屋騒動（寺田屋事件）で、寺田屋で会合していた尊王攘夷派の有馬新七ら薩摩藩士と、薩摩藩の島津久光が差し向けた鎮撫使とが同士討ちになった。二つ目は、慶応2年（1866）に、投宿中の坂本龍馬が伏見奉行配下の捕り方に襲撃された事件だ（坂本龍馬襲撃事件）。なお、寺田屋は現在も宿屋としての営業を続けているが、当時の寺田屋は鳥羽伏見の戦いのときに焼失し、現在の建物は明治期に再建されたものである。

寺田屋

# 今宮神社について

- 4月第2日曜日には今宮神社の摂社・疫社（えやみ）で疫災鎮静を祈る**やすらい祭**が行われる。

- 門前茶屋の**あぶり餅**は祭りの名物として知られる。

- 境内には、織物の祖神を祀る**織姫神社**がある。

やすらい祭は、由岐（ゆき）神社の鞍馬の火祭、広隆寺の牛祭（近年は休止が多い）とともに京の三大奇祭の一つに数えられる。平安時代、春の花が散る頃に疫病が流行ったため、疫神を追い立てて疫病を鎮めたのが始まり。京の春の祭りの先駆けで、この日が晴天だとその年の京の祭りはすべて晴天になるともいわれる。緋色の風流傘（ふりゅうがさ）の行列が町内を練り歩き、鬼が鉦（かね）や太鼓を打ち鳴らし、髪を振り乱して舞い踊り、花傘に疫神を集める。見物人も風流傘の下に入ると一年間無病息災に過ごせるとされる。

やすらい祭（今宮神社）

# 上賀茂神社について

- 上賀茂神社の正式名称は「賀茂別雷神社（かもわけいかづち）」で、世界遺産に登録されている。

- 名物菓子・やきもちの正式名は、神紋のフタバアオイにちなんだ「葵餅」である。

- 主な神事には、賀茂競馬（くらべうま）（5月5日）、葵祭（5月15日）、烏相撲（からすずもう）（9月9日）がある。

　賀茂競馬は5月5日に催される。この競馬が日本の競馬の発祥とされる。競馬はもともと端午の節句に天下泰平・五穀豊穣を願って宮中で行われていたもので、やがて神社や有力貴族の邸宅などでも盛んに行われるようになった。後に相次ぐ戦乱などで衰退したが、上賀茂神社に全国から競馬料として荘園が寄進され、神社の氏人が乗り手を務めて、11世紀に宮中から移された。以降、長く守り伝えられている。

賀茂競馬（上賀茂神社）

# 北野天満宮について

- 北野天満宮は、**菅原道真**(すがわらのみちざね)を祭神とする全国の天満宮の総本社で、古くから**学問・文芸**の神として信仰される。

- 室町時代には社家の筆頭・松梅院などが集まり、**連歌**の中心地となった。

　学問の神様・菅原道真を祀る北野天満宮の境内には、ユーモラスな牛の像が10体ほど安置されている。天満宮では牛が神の使いとされ、その由来は、道真が丑年(うし)生まれだったから、牛に乗って太宰府(だざいふ)に下ったから、牛が刺客から道真を守ったから、太宰府天満宮の場所を牛が決めたから、など諸説ある。体に具合が悪いところがあれば、牛の対応する部分を撫でると治る、牛の頭を撫でると賢くなるといわれ、撫牛(なでうし)として信仰されている。

北野天満宮本殿（国宝）

# 下鴨神社について

- 下鴨神社の正式名称は「賀茂御祖神社（かもみおや）」で、世界遺産に登録されている。

- 社叢（しゃそう）は紀（ただす）の森である。

- 主な神事には葵祭（5月15日）、御手洗祭（みたらし）（7月土用丑（うし）の日）がある。

紀の森は下鴨神社境内にうっそうと茂る森で、約12万4000㎡、東京ドームの約3倍の広さ。賀茂川と高野川二つの川の合流点である出町柳の三角州に広がる。古くから神聖な場所で、紀元前3世紀頃の原生林と同じ植生が伝わり、平成6年（1994）には世界遺産に登録された。森の各所に「鴨の七不思議」といわれる伝承の木や池がある。その一つ「連理の賢木（さかき）」は、2本の木が途中から1本に結ばれており、縁結びのご利益があるとされる。

糺の森

# 平安神宮について

- 平安神宮は明治28年（1895）、**平安奠都1100年**を記念して建てられた。

- 祭神は、**桓武天皇**と**孝明天皇**である。

- 社殿は平安京大内裏の正庁であった**朝堂院**を約8分の5に縮小復元したものである。

- **琵琶湖疏水**の水を引き込んだ神苑のうち、東・中・西の3苑は**七代目小川治兵衛**の作である。

　明治維新で天皇が去った京都は一時衰退に向かうかと思われた。そんな京都を復興しようと、平安奠都から1100年を記念して明治28年（1895）に関西初の第4回内国勧業博覧会を開催、その博覧会場・岡崎に建てられたのが平安神宮である。祭神は桓武天皇と、昭和15年（1940）には平安京に在住した最後の天皇である第百二十一代・孝明天皇が合祀された。参道の大きく赤い鳥居は高さ24.4mもあり、国の登録有形文化財に指定されている。

平安神宮応天門（重文）

# 八坂神社について

- ▪ 八坂神社は**四条**通の東端に位置する。

- ▪ 1月3日には、十二単姿の女性がかるた取りを競う「**かるた始め式**」が行われる。

- ▪ 大晦日の深夜から元日の未明にかけて、多くの人が**をけら詣り**に訪れる。

をけら詣りは八坂神社の伝統的な年越し行事。「をけら」とは邪気を祓う力があるとされるキク科の植物で、をけら火は古式にのっとって火きり臼と火きり杵で点火された御神火。この火は境内のをけら灯籠にともされ、元日の早朝まで焚かれる。参詣者はをけら灯籠から吉兆縄に火を移し、消さないように縄をクルクル回しながら持ち帰る。この火を用いて雑煮を炊いて食すと、その1年の無病息災がかなうとされた。

をけら詣り（八坂神社）

# 城南宮について

- 城南宮は、**白河上皇**が院御所「**鳥羽殿**」を造営する際に鎮守として崇めたと伝えられ、古くから**方除け**の信仰を集めている。

- 春と秋に、神苑を流れる遣水を前に平安王朝装束の歌人が和歌を詠む、**曲水の宴**が行われる。

古来、転居や政治、旅をするときは方角の吉凶を占い、凶の方角なら、いったん別の方角に行ってから目的地に向かうならわしがあり、これを「方除け」といった。城南宮は方角の災いを取り除き、安心と吉運をもたらす神として崇められてきた。平安時代末期、紀州への熊野詣がブームになり、白河上皇や鳥羽上皇は城南宮を精進所として7日ほどこもり、道中の安全を祈願してから熊野に出立した。そこから城南宮に方除け・旅行安全を祈願する信仰が生まれたとされる。

城南宮

# 伏見稲荷大社について

- 伏見稲荷大社は秦氏（はた）の創祀と伝えられる。
- 平安京の五条以南を氏子圏とし、現在は商売繁盛の神として親しまれている。

『山城国風土記』によると、秦伊呂具（いろぐ）（伊呂巨（いろこ））が餅を的にして矢を射たところその餅が白い鳥になって飛び去り、止まった山の峰に稲が生えたので、「イナリ」（「イネナリ」が縮まった）と名付けた。そして和銅4年（711）、稲荷大神をこの地に祀ったのが伏見稲荷大社の創建と伝えられる。

伏見稲荷の名物の一つが、門前で売られるスズメの丸焼き。稲荷大神は稲作の神で、その稲を食い荒らすスズメは退治して食すともいわれる。

伏見稲荷大社楼門（重文）

# 宇治上神社について

- 宇治上神社は世界遺産。日本最古の神社建築とされる**本殿**は、鎌倉時代の**拝殿**とともに国宝である。

- 境内の湧水「**桐原水**」は、宇治七名水の一つに数えられる。

　宇治には古くから名水が湧いていた。室町時代、足利義満が茶の栽培を奨励し、宇治が「宇治七茗園」などに代表される茶産地として知られるにつれ、「宇治七名水」の名も高まったとみられる。年月を経て六つの名水はなく

なり、現在は「桐原水」だけが宇治上神社境内に湧き出ている。他の六つの名水は「阿弥陀水」「法華水」「公文水」「百夜井（百夜月井）」「泉殿水」「高浄水」の名があったが、いずれも今は碑を残すのみである。

宇治上神社本殿（国宝）

神社・寺院

# 三十三間堂について

- 三十三間堂の正式名称は「蓮華王院」で、湛慶（たんけい）一門が手がけた**千手観音坐像**のほか、1000体の千手観音立像、二十八部衆立像、風神・雷神像などの国宝を所蔵する。

- １月15日に近い日曜日には、**楊枝（やなぎ）のお加持（かじ）**と弓引き初めの行事である**大的大会**（通称「**通し矢**」）が行われる。

後白河法皇が平清盛の援助を得て、自身の御所の中に創建したのが三十三間堂。この名は、本堂の内陣の柱と柱の間の数が33あることから。本堂は奥行き22m、南北の長さは120m以上あり、かなり細長い。堂内には1001体の千手観音像を祀る。中央には大きな千手観音坐像があり、その左右に500体ずつが並ぶ。像の中に、自分が会いたいと願う人とそっくりな顔の観音様が必ず見つかるとされている。

千手観音坐像（国宝・妙法院蔵）

# 青蓮院について

- 青蓮院（しょうれんいん）は、三千院、妙法院とともに**天台宗三門跡**で、境内の**大クスノキ**で知られる。

- 国宝の「不動明王二童子画像（ふどうみょうおう）」は、通称「**青不動**」と呼ばれる。

密教の世界で中心となる大日如来の化身が不動明王で、青、赤、黄、黒、白などの不動があるが、なかでも青不動は5色の中で最上位の不動明王。

青蓮院の青不動画像は、激しく燃える炎を背に岩座（いわざ）に安座し、憤怒（ふんぬ）の表情の不動明王の両脇に二童子が描かれ三角形構図を成す。優れた技法と美意識で描かれ、現存する最高レベルの仏教画といわれる。制作者や制作事情は謎に包まれているが、高野山・明王院「赤不動」、園城寺（おんじょうじ）（三井寺）「黄不動」とともに「日本三不動」と呼ばれている。

不動明王二童子画像（国宝・青蓮院蔵）

神社・寺院

# 延暦寺について

- 延暦寺は天台宗の総本山で世界遺産。**最澄**が比叡山で修行し、自ら彫った**薬師如来像**を祀ったのが始まりである。

- **根本中堂**は**東塔**にあり、全山の総本堂である。

- 「南都」（奈良の諸大寺）に対して「**北嶺**」、園城寺（三井寺）の「寺門」に対して「**山門**」と呼ばれる。

延暦寺は、桓武天皇が最澄に帰依したため朝廷の援助を受け、京都の鬼門（北東の方角）を守る国家鎮護の寺として繁栄。当時の仏教界では僧は国家資格であり、国家の公認を得る戒壇を受けなければならなかったが、勅命によって設けられた授戒の場は3寺しかな

かった。そのため最澄は僧の教育制度を確立。比叡山で出家した者は12年間山を下りずに修行した。修行が終わった者は仏教界のリーダーとして活躍。法然、親鸞、栄西、道元など名だたる名僧を輩出した。

延暦寺根本中堂（国宝）

# 大報恩寺について

- 大報恩寺は通称「**千本釈迦堂**」と呼ばれる。

- **本堂**は、安貞元年（1227）に建立された京都市街地で現存最古の木造建築である。

- 12月7・8日に行われる**大根焚き**は、第三世慈禅が大根の切り口を鏡に見立て、面に梵字を書き、諸病退散を祈ったことに始まる。

- 京都では大報恩寺の伝説にちなみ、上棟式で御幣に**おかめ**の面を添える。

大報恩寺にはおかめ伝説が残り、おかめ像やさまざまなおかめ人形、グッズが展示されている。釈迦堂建立の工事を請け負った大工の棟梁が、4本の柱のうち1本の寸法を間違えて短く切ってしまった。困っている夫に妻のおかめが他の3本も短く切り枡組で補えばいいとアドバイス。釈迦堂は竣工したが、おかめは妻の助けで竣工したと知れれば夫の恥だと自害して夫の名誉を守った。棟梁は境内におかめ塚を建てて冥福を祈ったという。

神社・寺院

# 泉涌寺について

- 泉涌寺は皇室とゆかりが深いため「御寺」と呼ばれ、皇室の香華院（菩提寺）として知られる。

- 3月14日から16日まで行われる涅槃会では日本最大の涅槃図が公開される。

- 玄宗皇帝が楊貴妃を偲んで作らせたと伝える、「楊貴妃観音」がある。

泉涌寺では、釈迦が亡くなった日にあたる3月15日を挟んで、毎年14日から3日間、涅槃会が催される。このとき一般公開されるのが、釈迦が亡くなる時の様子を描いた「大涅槃図」。縦約16m、横約8mで江戸時代中期の明誉古磵が描いた日本最大の涅槃図である。

楊貴妃観音は湛海律師が宋から持ち帰ったもので、ふっくらとした気品にあふれる表情は楊貴妃を彷彿とさせる。縁結び、美容のご利益があると女性に人気だ。

楊貴妃観音（重文・泉涌寺蔵）

# 六波羅蜜寺について

- 六波羅蜜寺（ろくはらみつじ）の「空也上人像（くうや）」（重文）の作者は康勝（こうしょう）である。

- 12月に行われる「空也踊躍念仏（ゆやく）」は、人目を忍んで続けられてきたことから「かくれ念仏」とも呼ばれる。

　平安時代、京では疫病や天災、飢饉（ききん）が蔓延。遺体があちこちに野晒しにされた。空也は疫病を鎮めるために十一面観音像を彫り、車に乗せて市中を引き回った。茶を点て、小梅と結び昆布を入れて病人に飲ませ、鉦や瓢箪（かね　ひょうたん）を叩き踊躍して念仏を唱え病魔を鎮めた。また空也は、阿弥陀ヶ峰のふもと「鳥辺野（とり　べ　の）」の近くに西光寺を創建、これが六波羅蜜寺の前身である。病人に恵んだ茶は皇服茶（おうぶくちゃ）として現在も正月に参詣者に振る舞われている。

空也上人立像（重文・六波羅蜜寺蔵）

33

神社・寺院

# 随心院について

- 随心院（ずいしんいん）は、**小野小町**ゆかりの寺として知られている。

- 3月下旬には、菅笠に薄紅色の梅花を挿した少女たちが華やかに踊る、**はねず踊り**が行われる。

- **深草少将**が小町の元に通い続けたという百夜通い伝説が残る。

　随心院が立つ地は古くから小野氏の根拠地で、仁明天皇（にんみょう）に仕えた歌人・小野小町も、宮中を下ってから、晩年をこの地で過ごした。境内には小町ゆかりの遺跡が残る。化粧井戸は小町が朝な夕な顔を洗った井戸で、この水で顔を拭くと美人になれるという。文塚は深草少将らが小町に送った恋文が納められている。卒塔婆（そとば）小町像が小町の晩年の姿。絶世の美女と讃えられた小町も晩年は容色衰え、見る影もない老婆だったとされる。

はねず踊り（随心院）

# 東寺について

- 東寺の正式名称は「**教王護国寺**」で、世界遺産に登録されている。

- **空海**により真言密教の根本道場に定められた。

- 密教美術の宝庫として知られ、真言七祖像、**両界曼荼羅図**など多数の国宝を有する。

- 五重塔は現存する木造の塔として最も高い約55メートル。現在の塔は**徳川家光**による再建で、5代目になる。

　平安京の南端には、羅城門を挟んで東寺と並ぶように西寺も存在した。嵯峨天皇は東寺を空海に下賜し、西寺は官寺として守敏が管理。空海は天皇や公家の庇護を仰いで東寺の繁栄に全力を傾け、権力者たちは空海への篤い信仰心から、東寺が廃れないようにと尽力した。東寺は初の真言密教の寺となり発展を遂げる一方、西寺は度重なる焼亡によって衰退。朝廷により幾度もの資財投入が行われたが、ついに復興はならなかった。

東寺 南大門（重文）

神社・寺院

# 高山寺について

- 世界遺産・高山寺には、サルやカエルなどを人間に見立てた絵巻物の傑作「**鳥獣人物戯画**」（国宝）が残されている。

- 境内には、**明恵**（みょうえ）がこの地に日本最古の**茶園**を開いたことを示す碑が立つ。

高山寺に伝わる国宝「鳥獣人物戯画」は、70種もの動物が人まねをして遊ぶ様子が描かれ、世俗の人間や仏教界の風刺画といわれる。そのユニークな作風、高度な技法から、漫画のルーツとされている。境内には「日本最古之茶園」碑が立つ。開山の明恵が、建仁寺の栄西から茶種を贈られ、境内に茶畑を造ったのが日本茶の生産の始まり。寺のある栂尾（とがのお）の地の茶は最高品質といわれ、今も全国の茶業者が同寺に参詣する。

鳥獣人物戯画（甲巻［部分］、国宝・高山寺蔵）

# 大覚寺について

- 大覚寺は、**嵯峨天皇**の離宮「嵯峨院」を後に寺院と改めたのが始まりである。

- 境内には、百人一首の歌「滝の音は絶えて久しくなりぬれど…」で有名な「名古曾の滝」跡がある。

- 中秋の名月には、大沢池を中心に**観月の夕べ**が行われる。

大覚寺・大沢池は嵯峨天皇離宮にあった日本最古の人工池。唐の洞庭湖をモデルに嵯峨天皇が造営、大津・石山寺、奈良・興福寺の猿沢池とともに「日本三大名月観賞地」とされる。天皇は池に唐風の龍頭舟・鷁首舟を浮かべて詩歌・管弦を楽しみながら月を愛でた。これが観月の夕べの始まりで、現在は中秋の頃、大勢の観光客が観月に訪れる。茶席や夜店も楽しめるほか、満月法会も行われる。

観月の夕べ（大覚寺）

37

神社・寺院

# 仁和寺について

- 仁和寺（にんなじ）は世界遺産に登録され、古来、詩歌に詠まれた「御室桜（おむろ）」で知られる。

- 裏山には、四国八十八ヶ所霊場の写し霊場である「OMURO88（旧称 御室八十八ヶ所霊場）」が設けられている。

仁和寺の境内中央やや西側には「御室桜」と呼ばれる桜がある。満開が4月初旬から中旬頃と遅く、京都市内では桜の見納め。樹高が2～3ｍと低いのが特徴で、地をはうように咲き乱れるので、手に取るように桜を楽しめる。

花（鼻）が低いことから「お多福桜」とも呼ばれ、「わたしゃお多福御室の桜鼻は低ても人が好く」と歌われるように、京都では鼻と背の低い女性のことを御室桜に例えて言うことがある。

御室桜

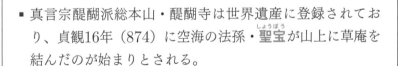

# 醍醐寺について

- 真言宗醍醐派総本山・醍醐寺は世界遺産に登録されており、貞観16年（874）に空海の法孫・**聖宝**（しょうぼう）が山上に草庵を結んだのが始まりとされる。

- 応仁・文明の乱で荒廃するが、第八十世座主・**義演**（ぎえん）の努力と**豊臣秀吉**の援助で復興した。

- 上醍醐最古の建物・**薬師堂**は建築意匠に優れ、蟇股（かえるまた）は宇治上神社本殿、中尊寺金色堂のものとともに三蟇股として知られる。

- **金堂、五重塔、薬師三尊像、三宝院表書院**（さんぼういん）、**三宝院唐門**などが国宝に指定されている。

- 三宝院庭園（特別史跡・特別名勝）には天下の名石「**藤戸**（ふじと）**石**（いし）」がある。

　醍醐寺三宝院庭園のほぼ中央に置かれた藤戸石は、足利義政から義晴、細川高国、織田信長、足利義昭、豊臣秀吉と伝わった。その由来は、源平合戦で備前・児島に陣を張る平氏に、藤戸の源氏軍が攻め寄せた時のこと。波が高くて敵陣に攻め入れずにいた源氏の将・佐々木盛綱は漁師に尋ねて浅瀬を知り、軍勢を導いて平氏を討ったが、秘密保持のため盛綱が漁師を斬り殺したところに、この石があったという。

# 金閣寺について

- 金閣寺の正式名称は「鹿苑寺（ろくおんじ）」で、世界遺産に登録されている。

- 室町幕府第三代将軍・足利義満が建てた北山殿を、没後に禅寺としたものである。

- 通称名の「金閣」とは、舎利殿（しゃりでん）のことである。

そもそも金閣寺が立つ地には、西園寺（さいおんじ）公経（きんつね）が山荘を営んでいた。応永4年（1397）、室町幕府第三代将軍・足利義満がこれを譲り受けて北山殿とし、ここに住んで政務を行った。義満の死後、山荘は禅寺に改められ、義満の法号にちなんで「鹿苑寺」と名付けられた。通称「金閣寺」といわれるのは、鏡湖（きょうこ）池（ち）に映え金色に輝く美しさを持つ舎利殿から。初層が寝殿造、2層が武家造、3層が禅宗仏殿造と、異なる建築様式を融合させた独特の建物である。

# 大徳寺について

- 大徳寺は鎌倉時代末期に**宗峰妙超**が創建した。

- 応仁・文明の乱で荒廃したが、**一休宗純**が堺の豪商・**尾和宗臨**の援助で復興した。

- **豊臣秀吉**が織田信長の葬儀を大徳寺で行い、菩提寺として塔頭・**総見院**を建立した。

- **千利休**の帰依を受けてから茶道との関わりが深い。

　名僧・一休宗純は大徳寺で修行したことで知られる。一休と親交があったわび茶の創始者・村田珠光をはじめ、千利休ら茶人、文化人、商人、大名らが幅広く寺を庇護・支持して栄えた。利休は大徳寺三門の上層を建立。「金毛閣」と名付けられた同門の2階に雪駄を履いた自身の木像が安置された。これが、三門を通る人は雪駄履きの利休の下をくぐることになるとして豊臣秀吉の怒りを買い、自害を迫られる理由の一つとなった。

# 銀閣寺について

- 銀閣寺の正式名称は「慈照寺」で、世界遺産に登録されている。

- 室町幕府第八代将軍・**足利義政**が建てた東山山荘を、没後に禅寺としたものである。

- 通称の「銀閣」とは、国宝の**観音殿**のことである。

- **東求堂**は**四畳半**の書院「**同仁斎**」などから構成され、書院造の初期の遺構として国宝に指定されている。

金閣寺には金箔が貼られているのに、銀閣寺には銀箔はない。当初は銀箔を貼るつもりだったが幕府の財政悪化で中止になったという説、銀箔が貼ってあったが、剥がれ落ちたなど諸説あったが、近年の調査で創建時から銀箔は貼られていなかったことが判明した。

庭園の、段形に紋様が施された見事な白砂は「銀沙灘」といい、中国の西湖を模した。円錐台形の盛り砂は「向月台」といい、銀沙灘とともに太陽や月の光を反射・採光するために作られたなどの説がある。

# 南禅寺について

- 南禅寺は、**亀山法皇**が正応4年（1291）、**無関普門**<sub></sub>を開山に迎えて、離宮であった禅林寺殿を禅寺に改めたことに始まる。

- 建武元年（1334）に**後醍醐天皇**により五山の第一位とされ、至徳3年（1386）には、**足利義満**により「**五山之上**」に格付けされて繁栄した。

南禅寺に勇壮にそびえる2階建ての三門は、別名「天下竜門」とも呼ばれ、日本三大門の一つとされる。三門とは「三解脱門」の略で、禅寺の伽藍の一つ。「三解脱」とは悟りに至る三つの境地「空門・無相門・無願門」のこと。

現在の三門は藤堂高虎が大坂夏の陣で没した家臣を弔うために建てた。

歌舞伎の「楼門五三桐」の中で石川五右衛門がこの三門に上がって「絶景かな、絶景かな」の名セリフを言う場面は有名だ。

南禅寺三門（重文）

神社・寺院

# 建仁寺について

- 建仁寺は、宋から茶のタネを持ち帰り、禅宗とともに喫茶の風習を広めた**栄西**により開かれた。

- 江戸時代初期の画家・**俵屋宗達**（たわらやそうたつ）の代表作「**風神雷神図屏風**」（国宝）を所蔵する。

俵屋宗達は江戸時代初期の京の大画家。富裕な町衆の出身で俵屋という絵画工房を主宰し、扇絵や巻物、色紙などを制作。平安王朝の古典美にあこがれ、本阿弥光悦（ほんあみこうえつ）と「鶴下絵三十六歌仙和歌巻」（重文）などを合作した。建仁寺の「風神雷神図屏風」は宗達の最高傑作といわれ、琳派をはじめ多くの画家に模写されている。二曲一双の金屏風（びょうぶ）に風神と雷神を対峙させ、躍動感を持たせた見事な構図。自由闊達（かったつ）な描写は評価が高い。

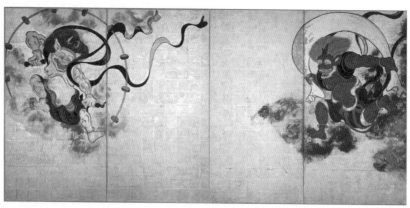

風神雷神図（国宝・建仁寺蔵）

# 高台寺について

- 高台寺は、**豊臣秀吉**没後、正室・**北政所（ねね）**がその菩提を弔うために開創した。

- **霊屋**には、秀吉と北政所の木像が安置されている。

- 茶室「**傘亭**」は、竹垂木を放射状に配した化粧屋根裏で知られる。

高台寺庭園は、伏見城の遺構が残る国の史跡名勝庭園に指定されている。その中心には開山の僧・三江 紹 益を祀る開山堂、龍の背のような屋根の臥龍廊を経由して秀吉の菩提と高台院が眠る 霊 屋がある。また、境内東側の山上にある傘亭は宝 形 造 茅葺きの簡素で野趣的な構え。屋根付きの土間廊下で時雨亭という茶室とつながっている。時雨亭は入母屋 造 茅葺きの2階建てで2階の掛戸を突き上げると、都の西南方向が一望でき、展望や納涼にも使用されたと思われる。いずれも伏見城から移築したとも、千利休の意匠ともいわれ、重要文化財に指定されている。

傘亭と時雨亭

# 東福寺について

- 摂政・**九條道家**が**円爾**を開山に迎え、九條家の菩提寺として創建した。

- 方丈の本坊庭園は「**八相の庭**」とも呼ばれ、昭和を代表する作庭家・**重森三玲**の作である。

　巨大な東福寺三門のすぐ西側には、切妻造で白壁の立派な禅宗様式の「東司」という建物がある。東司とは禅宗の言葉でトイレのこと。室町時代の建築では現存する唯一のトイレで、重要文化財に指定されている。内部は中央に通路があり、その左右が便所で床に壺が埋められている。当時、トイレは「三黙道場」の一つといわれ、厳しい修行の場でもあった。談笑は禁止。用を足すには定められた作法を厳格に守らねばならなかった。

東福寺本坊庭園（西庭、名勝）

# 天龍寺について

- 天龍寺は、足利尊氏が後醍醐天皇の冥福を祈るため、夢窓疎石を開山に迎えて建立、世界遺産に登録されている。
- 嵐山と亀山を借景とした夢窓疎石作の池泉回遊式庭園で知られる。

後醍醐天皇が暦応2年（1339）に吉野で崩御すると、足利尊氏が菩提を弔うため、亀山天皇の離宮を造り変えて天龍寺を創建した。尊氏は後醍醐天皇と敵対し、天皇から追討令を出されていた。いわば仇だったが、夢窓疎石の強い勧めで天龍寺を天皇のために新改築した。天皇・足利将軍両家にゆかりの深い禅寺として高い格式を誇り、京都五山の一つとなった。夢窓疎石が造営した庭園は方丈前の曹源池を中心としたもので、日本庭園の傑作と評される。

天龍寺曹源池庭園（特別名勝）

# 妙心寺について

- 妙心寺は、花園法皇が自らの離宮を改めて禅寺としたことに始まる。

- 法堂(はっとう)(重文)の天井には、狩野探幽(かのうたんゆう)の筆による龍が描かれている。

　妙心寺は境内外に46もの塔頭(たっちゅう)を擁する壮大な寺である。法堂天井の龍の絵は「雲龍図」という名があるが、法堂の天井いっぱいに描かれていて、どの方角から龍を見ても必ず自分をにらんでいるように見え、また位置によってその表情も変わることから「八方にらみの龍」といわれる。さらに絵の真下に立ってグルグル回ると龍が動いているようにも見える。探幽が8年の歳月をかけて描いた。龍はもともと聖獣で、法堂を守る大切な役割を担うとされる。

雲龍図(妙心寺法堂)

神社・寺院

# 龍安寺について

- 龍安寺は、室町時代の管領・細川勝元が妙心寺の義天玄承を招いて創建、世界遺産に登録されている。

- 境内には「鏡容池」と呼ばれる広大な池がある。

- 方丈前庭は、「虎の子渡しの庭」とも称される枯山水庭園で、白砂敷きの中に大小15個の石を配置している。

- 茶室「蔵六庵」の前には、水戸光圀寄進と伝わる「吾唯足知」の手水鉢がある。

神社・寺院

　龍安寺の石庭にはさまざまな謎が秘められているという。まず、制作者も制作意図も謎。砂と石のほかに何もない空間は宇宙を、白砂の波紋は水の流れを表すという説、中国の山海を表し白砂は大海を、15の石は島や山を表しているという説、また点在する石は北斗七星を、白砂は宇宙を表現しているという説などがある。「虎の子渡しの庭」とは、石の配置を、大河を前にして母虎が子虎を連れて渡ろうとしている様子に見立てているという説から付けられた名だ。

龍安寺石庭（特別名勝）

# 西芳寺について

- 境内を多くの種類の苔に覆われた西芳寺（さいほうじ）は通称「苔寺」とも呼ばれ、世界遺産に登録されている。

- 庭園は夢窓疎石（むそうそせき）の作庭である。

- 千利休の息子・少庵が構えた茶室「湘南亭」がある。

夢窓疎石は西芳寺庭園を、上段は枯山水、下段を池泉回遊式庭園として二つに分けて造った。境内の苔は、作庭時にはまだ出現していなかった。江戸時代に2度にわたって洪水に見舞われ、苔で覆われるようになったのはこの洪水の後だという。今は黄金池の周りを中心に、120種類以上の苔が絨毯のように境内一帯に敷き詰められている。庭園の温度・湿度が苔の生育に適したためと思われるが、世界でもまれな例とされ、幽玄な世界が広がる。

# 永観堂について

- 永観堂は、紅葉の美しさとともに、本尊の「**みかえり阿弥陀**」（重文）で知られる。

「もみじの永観堂」ともいわれ、境内には約3000本のモミジが植えられ、京都でも有数の紅葉の名所。本尊の「みかえり阿弥陀」とは、首を横に振り向いた珍しい仏像。永保2年（1082）、永観律師が阿弥陀堂で日課の念仏行道をしていると突然、阿弥陀如来が一緒に歩き始めた。永観が感涙して立ち止まると、阿弥陀如来は左に振り返って「永観、遅し」とひと言。その振り返った姿の像なのだ。

みかえり阿弥陀（重文・永観堂蔵）

# 西本願寺について

- 浄土真宗本願寺派の本山・西本願寺は「**本願寺**」が正式名称で、世界遺産に登録されている。

- **豊臣秀吉**の寺地寄進を受けて、大坂から現在地に寺基を移した。

- **飛雲閣**は、金閣・銀閣とともに京都の「三閣」と称される。

- 現存最古の国宝の**能舞台**を持つ。

天正19年（1591）、豊臣秀吉が堀川七条の地を本願寺第十一代宗主・顕如（けんにょ）に寄進。現在の西本願寺が建てられた。翌年、顕如が亡くなると、秀吉は長男の教如を隠居させて三男の准如（じゅんにょ）に寺を継がせた。この跡目争いに目をつけたのが徳川家康。家康は本願寺の勢力を恐れて二分させるため、准如と対立する教如に烏丸七条の土地を寄進し、西本願寺とまったく同じ規模の大寺を建立させた。これが真宗大谷派の東本願寺だ。

飛雲閣

# 清水寺について

- 清水寺は延鎮が開創し、**坂上田村麻呂**が諸堂を寄進したのが始まりで、世界遺産に登録されている。

- 本尊は**十一面千手観音**である。

- 一大決心することを表す俗諺に「**清水の舞台**から飛び降りる」がある。

延鎮が夢のお告げで音羽山麓の滝のほとりに草庵を結び、観音像を彫って祀った。その後、坂上田村麻呂が妻の安産のため鹿狩りに来て延鎮に出会い、殺生を戒められて改心。妻とともに観音に帰依して仏堂を寄進し、十一面千手観音像を安置した。これが清水寺の起こりで、田村麻呂と延鎮が協力して本堂を広げ発展に努めたので、延鎮を開山、坂上田村麻呂を本願とする。田村麻呂は蝦夷平定に遠征した際、観音像に祈願し、勝利できたという。

神社・寺院

# 平等院について

- 平等院は、**藤原頼通**が父・**道長**の別荘を寺としたことに始まり、世界遺産に登録されている。

- 国宝の阿弥陀堂（鳳凰堂）には、仏師・**定朝**作で**寄木**造の丈六阿弥陀如来坐像（国宝）が安置されている。

- 庭園は平安時代の**浄土**庭園の代表作として知られ、国の史跡・名勝である。

宇治橋から宇治川の左岸に沿って続く石畳の道は、『源氏物語』散策路として知られる「あじろぎの道」で、付近には「源氏物語宇治十帖」にゆかりの古跡や平等院が見える。『源氏物語』の主人公・光源氏のモデルの一人といわれるのが、嵯峨天皇の皇子で左大臣の源融。その源融の別荘がさまざまな貴族の元を経て、藤原道長の別荘「宇治殿」となり、その子・頼通が寺院に改めたのが平等院であるともされる。

平等院鳳凰堂（国宝）

# 六角堂について

- 六角堂の正式名は**頂法寺**。本堂が六角形宝形造であることから、そう呼ばれている。

- 聖徳太子によって創建されたと伝えられ、小野妹子を始祖とする「**池坊**」が住職を勤めている。

- **いけばな**の発祥地としても有名。

- 境内には京都の中心を表す「**へそ石**」がある。

正式名称は頂法寺。本堂が六角形宝形造であることから「六角堂」の名で親しまれ、いけばな池坊発祥の地としても知られている。用明天皇2年（587）、聖徳太子によって創建。小野妹子が初代住持を務めた。もともとは本堂北側に池があったとされ、この池のほとりに住房を構え、六角堂の住職を務めた妹子を始祖とする僧が本尊・如意輪観音像に花を供えたのが、いけばなの起こりだと伝えられる。また、本堂前にある六角形の石は京都の中心を示すことから「へそ石」と呼ばれている。西国三十三所観音霊場の第十八番札所に数えられるほか、洛陽三十三所観音霊場第一番札所でもある。

六角堂

# 晴明神社について

- 晴明神社は、平安時代の天文博士・**安倍晴明**を祭神とする神社である。

- 神紋は**晴明桔梗紋**で、身に付けると厄除けになるという。

- 安倍晴明は、**星**の様子を観察し、物ごとの吉凶を予想していた。

- 境内の**晴明井**は晴明の念力で湧き出したものだと伝えられている。

平安時代の天文博士・安倍晴明を祀る神社で、創建は寛弘4年（1007）。方除け、火災除け、病気平癒のご利益で知られる。晴明は、朱雀天皇から、村上、冷泉、円融、花山、一条の6代の天皇に仕え、天体の状態や急変を観察して物ごとの吉凶を予想していた。一条天皇の在位中に亡くなり、没後、一条天皇がその功績を称え、神社創建を命じたとされる。境内の晴明井は、晴明の念力によって湧き出たものと伝えられ、飲むと病気平癒のご利益が得られるという。晴明は日本の陰陽道の祖ともいわれており、神社の紋「晴明桔梗紋」は、万物を構成する五行（木、火、土、金、水）を象徴した五芒星。身に付けると、厄除け、魔除けになるという。

晴明井（晴明神社境内）

神社・寺院

# 西国三十三所観音霊場
## について

- 西国三十三所観音霊場の京都府内の札所は11カ寺である。
  10：三室戸寺（みむろとじ）＝宇治市
  11：上醍醐・准胝堂（醍醐寺）（じゅんていどう）＝伏見区
  15：今熊野観音寺＝東山区
  16：清水寺＝東山区
  17：六波羅蜜寺（ろくはらみつじ）＝東山区
  18：頂法寺（六角堂）＝中京区
  19：行願寺（革堂）（こうどう）＝中京区
  20：善峯寺（よしみね）＝西京区
  21：穴太寺（あなおじ）＝亀岡市
  28：成相寺（なりあいじ）＝宮津市
  29：松尾寺＝舞鶴市である。

- 元慶寺（がんけいじ）は巡礼を再興した花山法皇（かざん）ゆかりの寺で、番外札所として信仰されている。

西国三十三所観音霊場は西国の霊験あらたかな33観音霊場のことで、各霊場を札所として御朱印を受けながら巡礼する。奈良の長谷寺の徳道上人（とくどう）が定め、廃れていたのを約270年を経て花山法皇が再興したとされ、日本の霊場巡りの起源である。「坂東三十三所」「洛陽三十三所」もあるが、「三十三所」といえば西国三十三所を指すことが多い。「33」の数字は観音菩薩が三十三身に変身して衆生を救い、浄土に導く（しゅじょう）という教えに基づく。

神社・寺院

神社・寺院

# 花の社寺について

- 京都府内の花で知られる主な社寺には、アジサイ―藤森神社・三室戸寺、梅―北野天満宮、カキツバタ―大田神社、キキョウ―廬山寺・天得院、キリシマツツジ―長岡天満宮、桜―勝持寺、ハギ―梨木神社、ハス―法金剛院、ボタン―乙訓寺、ヤマブキ―松尾大社などがある。

　京都で花の名所とされる社寺は数多くあるが、「花の寺」の別名を持つのが勝持寺である。平安時代の僧・西行法師が出家した寺と伝えられ、境内に桜の木が100本近くあることから「花の寺」といわれる。天武天皇の頃、役行者が坊舎を建て薬師如来を祀った

のが始まりとされ、桓武天皇の命で再建された。ここに庵を構えた西行は「ねがはくは花の下にて春死なん そのきさらぎの望月のころ」の歌を残した。手植えの桜は「西行桜」といわれ、八重枝垂れ桜で鐘楼堂の傍らに立つ。

西行桜（勝持寺境内）

建築・庭園・美術

# 神社の建築について

> ▪ 京都府内で見られる主な神社建築には、春日造<sub>かすがづくり</sub>—**吉田神社本宮本殿・福王子神社本殿・平野神社本殿**（比翼<sub>ひよく</sub>春日造・平野造）、流造<sub>ながれづくり</sub>—**上賀茂神社本殿・下鴨神社本殿・宇治上神社本殿**、八幡造<sub>はちまんづくり</sub>—**石清水八幡宮本殿**、権現造<sub>ごんげんづくり</sub>—**北野天満宮本殿**、祇園造<sub>ぎおんづくり</sub>—**八坂神社本殿**などがある。

流造は神明造から発展した建築様式で、全国で最も普及している。建物の長辺側、屋根と棟の平行な面に出入り口がある平入で切妻造。正面入り口にあたる屋根の一方がなだらかに長く延びるのが特徴。屋根が反り、正面入り口に向かい優美な曲線形を描いている。側面から見ると屋根の端（破風<sub>はふ</sub>）が「へ」の字に見える。上賀茂神社、下鴨神社、宇治上神社のほか、御香宮神社、伏見稲荷大社などでも用いられている。

建築・庭園・美術

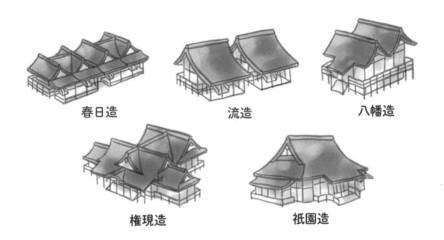

春日造　　　　　流造　　　　　八幡造

権現造　　　　　祇園造

# 庭園の種類について

- 日本の庭園は、石や水、植物などを用いて自然の風景を作り出す「**自然風景式庭園**」である。

- 平安時代に入ると我が国の「**自然風景式庭園**」の文化は大きく京都で発展を遂げる。その理由として、三方を**山**で囲まれ、さまざまな**清流**や**動植物**に恵まれていたことや、長期間、都であったことなどが挙げられる。

- 平安時代末期には極楽浄土をモチーフとした**浄土庭園**が多く作られるようになり、その代表として平等院庭園が挙げられる。

- 白砂と石で水の流れを表現した庭園は**枯山水**庭園と呼ばれ、中世以降の**禅宗**の隆盛とともに発展した。

- わび茶の流行とともに登場したのが**露地**庭園。日常の世界と非日常の世界をつなぐ場として造られた。

日本の庭園は、石や水、植物などの自然の素材を用いて、自然の風景を作り出す「自然風景式庭園」である。この庭園が大きく発展するのは平安時代。長期間にわたって都が置かれたことで京を舞台に多様な文化が生まれたが、庭園文化もその一つである。初期には天皇による離宮や御所が多く造営されるが、末法思想が広がる平安時代末期には仏殿を飾るための浄土庭園が作られるようになった。平等院庭園がその一例である。中世に入ると禅宗が隆興。南北朝・室町時代初期に活躍した夢窓疎石は作庭によって禅の境地を表した。この時期に登場したもう一つの様式が枯山水庭園。白砂と石で水の流れを表現したもので、その抽象的な表現方法は禅の修行にふさわしいものであった。室町時代末期には「わび茶」が流行。そのための庭園「露地庭園」が作られるように。庭園を歩くことで非日常の世界へと人々を誘ったのである。

建築・庭園・美術

# 修学院離宮について

- 江戸時代初期の代表的山荘・修学院離宮は、学問・文芸に造詣が深かった**後水尾上皇**が、自ら計画・設計して造営した。

後水尾上皇は慶長16年（1611）、徳川幕府初代将軍・家康の強引な干渉により、徳川政権下で天皇に即位。朝廷と幕府の関係融和策として、二代将軍・秀忠の娘・和子が入内した。これで事態は好転するかに思えたが、天皇が高位の僧に発給した紫衣を幕府が無効にした「紫衣事件」が起き、天皇は34歳の若さで興子内親王に譲位し、上皇となった。失意の上皇は比叡山のふもと・洛北を隠棲の地と定めて修学院離宮を造営。自ら現場に足を運んで庭の木一本にまで目を配ったという。

修学院離宮　浴龍池

建築・庭園・美術

# 桂離宮について

- 桂離宮は八条宮智仁（としひと）・智忠（としただ）親王父子によって造営された。

- **数寄屋（すきやづくり）造の建物や回遊式庭園を持つ江戸時代初期の代表的山荘である。

- ドイツの建築家 **ブルーノ・タウト** に「日本建築の世界的奇跡」と絶賛された。

日本美の極致とされる桂離宮の庭園には24基の石灯籠が配置され、その位置やデザインまでも美が計算し尽くされているという。なかでも多いのが織部（おりべ）灯籠で、十字架のようなフォルムやマリア像らしきレリーフなどから「切（きり）支丹灯籠（したん）」とも呼ばれる。なぜ皇室の別荘に切支丹灯籠があるのか。智仁親王の妻はキリシタン大名・京極高知（きょうごくたかとも）の息女だったから、親王の臣下の一人がキリシタンとして処刑されたことを悼んで、など諸説がある。

桂離宮 書院

建築・庭園・美術

# 五重塔について

- 東寺の**五重塔**は、国内に現存する木造の塔としては最も高いものである。

- 寺院に立つ塔は、釈迦の**遺骨**を安置する**仏塔**をルーツとする。

- 京都ではほかに、**醍醐寺**（伏見区）、**法観寺**（東山区）、**仁和寺**（右京区）、**海住山寺**（木津川市）、**成相寺**（宮津市）などに五重塔がある。

建築・庭園・美術

京都のシンボルともいえる東寺の五重塔は高さ約55メートル。現存する木造の塔としては最も高い。現在のものは寛永21年（1644）に再建されたもので5代目。初層部分は期間を限定して公開されている。ほかにも京都では、醍醐寺（伏見区）、法観寺（東山区）、仁和寺（右京区）、海住山寺（木津川市）、成相寺（宮津市）などにあり、特に法観寺の五重塔は「八坂の塔」と呼ばれて親しまれている。寺院の塔は、仏舎利（釈迦の遺骨）を安置した仏塔（ストゥーパ）に由来するもので、ほかに三重塔、多宝塔などがある。

東寺 五重塔（国宝）

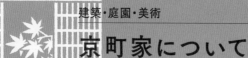

建築・庭園・美術

# 京町家について

- 京町家は、間口が狭く奥が深いことから「**うなぎの寝床**」
  と呼ばれている。

- **犬矢来**（いぬやらい）は、家屋を泥はねなどから守るためのものである。

- 小屋根には、魔除けとして**鍾馗さん**（しょうき）が置かれている。

　京町家は、通りに面し隣家と接して立ち並ぶ職住一体型の木造の住居形式。平安時代中期から造られ、江戸時代中期に現在に近い形になった。紅殻格子、虫籠窓（むしこまど）、犬矢来など独特の意匠を持つ。「うなぎの寝床」といわれるのは、間口が狭く奥行きが深い短冊形の宅地になっているため。豊臣秀吉の京都改造の町割により、方1町のブロックを東西に二分する南北の小路が通り、多くの町家が南北路に面して短冊形に立ち並ぶようになった。

建築・庭園・美術

# 近代建築について

- 京都の近代建築は**明治**10年代から建てられ始めた。

- **三条**通には近代建築がたくさん立ち並んでおり、文明開化の風景を生み出した。

- 1928ビル（旧毎日新聞社京都支局）や**京都府立図書館**を設計した**武田五一**は、近代建築界の主導者的存在であった。

建築・庭園・美術

西洋の文化を取り入れた建築様式で、京都では明治10年代から建てられるようになった。明治20年代以降、三条通を中心に煉瓦造洋風建築が建てられ始め、文明開花の風景を生み出した。現存する近代建築物は国および京都府、市などの文化財に指定されているものも多い。建築家はさまざまで、京都市内に残る煉瓦造の建築物としては最古の同志社大学彰栄館はアメリカ人宣教師、D.C.グリーンの設計。また同大学のクラーク記念館はドイツ人、R.ゼールによる。日本人によるものもあり、三条通御幸町南東角に建つ1928ビル（旧毎日新聞社京都支局）は、「関西建築界の父」とも呼ばれる武田五一の設計で、ルネサンス風の佇まいが美しい京都府立図書館の建築にも携わった。

京都府立図書館

# 待庵について

- 待庵は、**妙喜庵**の境内にある茶室。千利休によって作られたと伝えられている。

- わが国最古の茶室であり、国宝の茶室 **3** 棟のうちの一つである。

- 広さ **2** 畳の空間に、**利休**によるさまざまな工夫が施され、その狭さを感じさせないものとなっている。

茶の湯の文化を確立した千利休は、茶室の様式を完成させた人物であるともいえる。乙訓郡大山崎町にある臨済宗東福寺派の妙喜庵は、三世の功 叔 士 紡が茶人であったことから千利休がよく訪れたとされ、天正10年頃（1582）、茶室・待庵を建てたと伝えられている。この待庵はわが国最古の茶室であるとともに、利休作の茶室として唯一現存しているものだ。切妻造、柿葺き。広さは 2 畳だが、通常、土壁に混ぜ込む藁すさを見せて仕上げる荒壁仕上げや抽象画を思わせる窓の配置、天井まで塗り込めた室床と呼ばれる床の間の意匠などにより、狭さを感じさせない究極の空間づくりである。事前の予約をすれば見学が可能。

# 渉成園について

- 渉成園(しょうせいえん)は**東本願寺**の庭園で、「**枳殻邸**(きこくてい)」とも呼ばれる。

- **石川丈山**が作庭に関わり、**徳川家光**から与えられた地に造られた池泉回遊式庭園である。

渉成園は、平安時代初期の左大臣・源融(とおる)が造営した六条河原院の旧蹟という伝承があったことから、「塩釜の手水鉢」など、その伝承に基づいた景物が配されている。現在の庭園は200㎡で江戸時代初期、浄土真宗大谷派十三代・宣如(せんにょ)の隠居所として石川丈山が手掛けたもの。東山から昇る月が映る「印月池」と呼ばれる広大な池を中心に、茶亭や瀟洒(しょうしゃ)な殿舎が配された池泉回遊式庭園は見事な景観。池の北西部に建つ「傍花閣」(ぼうかかく)は、楼門造の建築物の上に四畳半の部屋がある個性的な建物で、春にはその名の通り、傍らに桜が花を咲かせ、訪れる人の目を楽しませてくれる。

建築・庭園・美術

傍花閣

建築・庭園・美術

# 無鄰菴について

- 無鄰菴は山県有朋の旧別荘で、七代目小川治兵衛が造った
  庭園が見どころである。

- 明治36年（1903）、山県有朋、伊藤博文らが集まり、日露
  開戦前の外交方針を決める無鄰菴会議が行われた。

東山を借景として、なだらかな傾斜地約3000㎡に造られた無鄰菴の庭園には、近くの琵琶湖疏水の取水口から直接水を引き込まれており、醍醐寺三宝院の滝を模した三段の滝と池や小川に姿を変える流れがある。この庭を造営したのは「植治」の名で知られる京の庭師・七代目小川治兵衛。五感で味わう自然主義的な庭園を生み出し、近代庭園造営の先駆者となった。その代表作が山県有朋の指示に基づいて作庭した無鄰菴の庭であり、山県三名園の一つ。この後、平安神宮の神苑など数々の名園を造営した。

無鄰菴庭園（名勝）

# 夢窓疎石について

> ■ 南北朝時代から室町時代初期に活躍した夢窓疎石作庭の代
> 表的な庭園には、**天龍寺**庭園、**西芳寺**庭園などがある。

夢窓疎石は禅宗を広めた名僧。京都の天龍寺、西芳寺のほか、美濃の永保寺、甲斐の恵林寺など、各地で寺院建立に関わった。さらに、庭園設計にも優れた才能を発揮し、永保寺、恵林寺、瑞泉寺などの庭園（いずれも国の名勝）も手掛けている。また、天龍寺建立に際しては、資金調達のため天龍寺船を仕立てて元と貿易をし、莫大な利益を上げた。経済・外交にも優れ、まさに全方位の活躍をした。

# 小堀遠州について

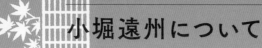

▪ 大名茶人として知られる小堀遠州（こぼりえんしゅう）が作庭した主な庭園には、南禅寺塔頭（たっちゅう）・金地院（こんちいん）「鶴亀の庭」、二条城二の丸庭園などがある。

　小堀遠州は豊臣秀吉の弟・秀長に仕えた大名で、茶道・建築・造園に優れた才能を発揮。徳川政権では駿府城（すんぷじょう）、大坂城、御所などの工事を任せられ、建物を手掛けると同時に造園にも心血を注いだ。彼が手掛けたといわれる庭は他に、南禅寺方丈庭園、大徳寺塔頭・孤篷庵庭園（こほうあん）、高台寺庭園、仙洞御所庭園（せんとう）など、数多く残る。鶴亀の庭は徳川家の繁栄を願って造られ、白砂敷きに遥拝石を中央に置き、左右に鶴と亀の島を配した。

# 弥勒菩薩半跏思惟像
## について

- 国宝第1号に指定された弥勒菩薩半跏思惟像（みろくぼさつはんかしゆいぞう）を所蔵するのは**広隆寺**である。

弥勒菩薩像は、6世紀頃の仏教伝来初期から弥勒信仰とともに伝えられ、国内にも多く残されているが、広隆寺の宝冠弥勒が最もよく知られている。右足首を左の膝頭に載せて座る半跏のポーズをとり、右手指を頬のあたりに当てたふくよかな気品ある表情で「アルカイックスマイル（古拙（こせつ）の微笑）」といわれる。ドイツの哲学者ヤスパースは「人間存在の最も清浄な、最も円満な、最も永遠な姿のシンボル」と讃えた。

弥勒菩薩半跏思惟像（国宝・広隆寺蔵）

建築・庭園・美術

71

建築・庭園・美術

# 西陣織について

- 西陣織は、**先染め**した糸で紋様を織り出す高級紋織物である。

- 西陣織は、応仁・文明の乱後、西軍の陣地跡に**大舎人座**（おおとねりざ）を復活させて以来550年以上の伝統を誇る。

- 明治時代初期に**佐倉常七**らが**フランス**から**ジャカード**を持ち帰って近代紋織技術を西陣に伝えたことが、西陣を絹織物産地として飛躍的に発展させた。

- **西陣織会館**では歴史や生産工程が紹介されている。

- **11月11日**は「西陣の日」と定められている。

わが国の機織工業の歴史は古く、古代に半島から渡来した秦氏によって伝えられたところから始まる。平安時代には、宮廷の織物をつかさどる役所・織部司（おりべのつかさ）が現在の上京区大宮付近に置かれ、高級な綾や錦などが織り出された。平安時代中期以降になると、律令制の崩壊とともに官営工場が衰退。政府の手を離れた織り手たちが織部司の東側にある大舎人町（おおとねりちょう）に集まって住み、機織りを続けた。鎌倉時代には「大舎人の綾」、「大宮の絹」と呼ばれたそれらが、京都の機織りのスタートといえる。室町時代に入ると、応仁・文明の乱が勃発。しかし、戦乱の後、山名宗全率いる西軍の本陣跡付近を中心に「大舎人座（おおとねりざ）」が再び形成され、彼らによって戦乱で中絶していた大舎人の綾が復活したことが、西陣織の歴史の始まりである。公家や貴族、裕福な町人の保護を受けた西陣織は元禄時代に最盛期を迎えたが、明治維新で首都が事実上東京に移ると衰退。復興のため佐倉常七らがフランスに派遣されて織物技術を学び、ジャカード機を持って帰国。西陣に近代紋織技術を伝え、量産を可能にした。今では「西陣で織れないものはない」といわれるほどの技術を誇る。

建築・庭園・美術

# 「桜図」・「楓図」について

- **長谷川等伯**と長男・久蔵が描いた障壁画「桜図」・「楓図」
（国宝）は**智積院**にある。

豊臣秀吉に愛児・鶴松を弔うため建立した祥雲寺の障壁画を依頼され、長谷川等伯と長男・久蔵が描いたのが「桜図」と「楓図」。秀吉没後、徳川家康からこの寺と豊国社の一部を賜り、現在地に復興した智積院に祥雲寺の障壁画は引き継がれた。等伯は桃山時代から江戸時代にかけて活躍した画家。「雪舟 五代」を名乗り、当時主流の狩野派に猛烈なライバル意識を抱いた。「桜図」は久蔵が、「楓図」は等伯が担当したとされる。

楓図（国宝・智積院蔵）

建築・庭園・美術

# 本阿弥光悦について

- 本阿弥光悦（ほんあみこうえつ）は「寛永の三筆」にも数えられる芸術家である。

- 俵屋宗達（たわらやそうたつ）、角倉素庵（すみのくらそあん）と協力して嵯峨本を出版した。

- 本法寺の、三つの島を配置した枯山水庭園「三巴の庭」（みつどもえ）（名勝）は、光悦作と伝えられる。

嵯峨本は江戸時代初期に作られた木活字印刷の豪華本で、本阿弥光悦が豪商・角倉素庵と画家・俵屋宗達の協力を得て出版した。鮮やかな彩色の絵や表紙で飾られ、『伊勢物語』や『方丈記』などの古典文学を主に手掛けた。本法寺「三巴の庭」は書院東側から南

西側へ曲がり込んだかぎ形になっている庭で、三つの築山（つきやま）が「巴」の形にデザインされたことから付けられた。

光悦は書家・陶芸家・漆芸家・茶人・文筆家として活躍。職人たちを集めて居住・制作する光悦村をつくった。

三巴の庭（本法寺、名勝）

# 京焼・清水焼について

- 京焼・清水焼は、**野々村仁清**(にんせい)・**尾形乾山**(おがたけんざん)ら名陶工の手を経て、大衆化・ブランド化した。
- 明治時代初期にはドイツ人の**ワグネル博士**の指導で技術革新した。

「京焼」は京都府内で生産される陶磁器の総称で、清水焼はその代表的な存在。清水寺の参道・五条坂界わいに名工や窯元が多く集まっていたので、「清水焼」の名が付いた。京焼・清水焼は経済産業大臣指定と京都府知事指定の「伝統的工芸品」である。

野々村仁清は江戸時代初期、御室(おむろ)・仁和寺(にんなじ)前に窯を開き、「古清水」といわれる優雅な色絵陶器を完成させた。尾形乾山は仁清に教えを受けた陶工で、斬新な趣向の作品を生み出した。

さまざまな京焼

芸術・文化

芸術・文化

# 京扇子について

- 京扇子とは経済産業大臣指定の**伝統的工芸品**の一つで、京都市の伝統産業にも指定されている。

- 扇子の歴史は古く、宮中では**奈良**時代から儀礼的に用いられてきた。

- 能や**日本舞踊**、**茶道**、華道などでは必需品である。

- 寺院などで用いられる扇子は「**中啓**（ちゅうけい）」と呼ばれ、大切に扱われる。

- 五条大橋のたもとに**扇塚**がある。

扇子は、扇（おうぎ）とも呼ばれ、王朝時代から貴族の象徴として儀礼的に用いられてきた。奈良時代には格別の功績のあった者に扇と杖の使用が天皇によって許可されていた。平安時代初期には、宮中で侍臣が扇を賜る儀式が行われており、次第に美しい絵が描かれたり、骨に透かし彫りが施されたりするようになった。一般庶民が扇子を使うようになったのは室町時代のことである。現代でも能や日本舞踊、茶道、華道などでは必需品であり、京舞井上流では、事始（ことはじめ）で家元が祝儀として舞扇を手渡すシーンはよく知られている。寺院などで使われるものは中啓といい、閉じた状態でも先が広がっているのが特徴。五条大橋の北西詰には扇塚があり、扇発祥の地を示す。

扇塚（五条大橋北西詰）

# 京友禅について

- 友禅染は江戸時代前期の扇絵師・**宮崎友禅斎**（みやざきゆうぜんさい）の絵柄が着物に取り入れられたことにルーツを持つとされる。

- 京友禅とは**染色**技術の一つで、白生地に色鮮やかな模様を染める技法である。

- かつて、鴨川や堀川では、京友禅の加工で用いた染料や糊を洗い流すための「**友禅流し**」が行われており、京の夏の風物詩として知られていた。

江戸時代前期の町絵師・宮崎友禅斎によって考案された模様染めの技術の一つ。色彩豊かに絵画調の模様を染め表す。友禅斎は東山の知恩院門前に居を構えて扇絵を描いていたが、その絵が人気を集め、友禅斎の画風が着物の意匠として取り入れられ、染色技術が確立されたのが友禅染めの起こりといわれている。

染織品には、染色した糸で織る「先染め」と、未染色の糸で織られた白生地を染色する「後染め」があるが、京友禅は後染め技法の一つ。型を用いて白生地を染色する「型友禅」と、白生地に直接描くように染色する「手描友禅」に大別され、特に明治時代以降に発達した型友禅「写し友禅」によって量産化された。

手描友禅は、多彩な模様を染め分けるため、下絵の線に沿って糸目糊と呼ばれる防染糊（現在はゴム糊が主流）を置き、さらに地色以外の模様部分に伏せ糊を置いて地染め（引染め）する。引染めした地色を定着させるために蒸しをした後、水洗い（水元）（みずもと）をして不要な染料や糊を流す。次に模様に色挿し（挿友禅）を行い、再度蒸して染料を定着させた後、水元する。

絵画的な模様を優美な色調でくっきりと描くのが京友禅の特徴であるが、さらに仕上げの装飾として金や銀などの箔を用いて加飾する金彩や刺繍が施されることもあり、上品でありながら華やかな印象を与えられる。また、古典的な有職文様や琳派文様、近代的なモダンデザインなど、多彩なデザインも京友禅の魅力の一つといえる。

# 伏見人形について

- 火難除けとしておくどさんの荒神棚（こうじんだな）に並べる**布袋さん**（ほてい）の伏見人形は、初午の**伏見稲荷大社**参拝のお土産である。

伏見で作られる土製の素朴な人形。古代のこの地での土師氏（はじ）の埴輪（はにわ）や土器作りがルーツとされ、江戸時代末期に最盛期を迎えた。子どもの成長、五穀豊穣などの願いを込めたもので、代表的な意匠は「饅頭喰い」（まんじゅうくい）「布袋」「羽織狐」。「饅頭喰い」は子どもが二つに割った饅頭を手にしている。「両親のどちらが好きか」と尋ねられた子どもが「二つに割った饅頭のどちらがうまいか」と反問したという話から作られたもので、子どもが利口になるよう、また安産祈願のお守りともした。

布袋

饅頭喰い

羽織狐

# 茶について

- 鎌倉時代初期、宋から臨済禅とともに茶種と喫茶法を伝え、普及させたのは**栄西**である。

茶は奈良時代に中国から伝わっていたが、貴族などの飲み物で一般には無縁のものだった。茶を広く民衆に広め、日本に根付かせたのが栄西だ。「茶は養生の仙薬なり、延齢の妙術なり」で始まる『喫茶養生記』を著わし、茶の効用から栽培法まで世に伝授。宋から茶種を持ち帰った栄西はまず、筑前・背振山に行き、禅宗と茶栽培を指導。次に、京都・栂尾の明恵にも茶種を贈ったので高山寺でも茶栽培が始まった。この2カ所が日本茶発祥の地とされる。

日本最古之茶園碑（高山寺境内）

芸術・文化

# 茶道について

- **千利休**は**武野紹鷗**に師事して、**村田珠光**が創始した草庵の
  茶を修得、「わび茶」を大成させた。

- **妙喜庵**には、利休作で唯一現存する茶室といわれる**待庵**
  （国宝）がある。

- 利休の孫の**千宗旦**は江戸時代初期、三男の**江岑宗左**に表千
  家を、四男の**仙叟宗室**に裏千家を、二男の**一翁宗守**に武者
  小路千家をそれぞれ興させて、茶道三千家を確立した。

- 茶道三千家の代表的茶室には、表千家―**不審菴**、裏千家―
  **今日庵**、武者小路千家―**官休庵**がある。

- 利休の弟弟子・**剣仲紹智**を初代とするのが**藪内家**で、代表
  的茶室には**燕庵**がある。

乙訓郡大山崎町の臨済宗東福寺派・妙喜庵は室町時代に創建され、茶室「待庵」がある。これは天正10年（1582）の山崎の合戦の際、羽柴秀吉の命で千利休が陣中に建てた二畳の茶室を後に妙喜庵に移築したとも、利休の屋敷から移されたともいわれる。利休が造った現存する唯一の茶室で、愛知県犬山市・有楽苑の如庵、大徳寺塔頭・龍光院の密庵席とともに、日本に3棟しかない国宝の茶室の一つである。

# いけばなについて

- いけばなは、仏前に供える「供花（くげ）」を起源とする。
- 頂法寺（六角堂）の住職の池坊は、華道の家元を務めている。
- 江戸時代初期、禁裏（きんり）の花会を指導し、立花（りっか）を大成させたのは**二代池坊専好**である。

六角堂は正式名を「頂法寺」という。池坊の名は、この地を訪れた聖徳太子が沐浴した池のそばに住坊があったことから。池坊の僧は代々、朝夕仏前に花を供えてきた。この「供花」がいけばなの始まり。僧の始祖は遣隋使・小野妹子（いもこ）であったと伝えられる。室町時代には池坊専慶（せんけい）、専応（せんおう）らが現れ、立花理論を形成。いけばなを体系的にまとめ上げた。

# 能について

- 能は、唐から伝わった散楽を源流とし、平安時代以降は「猿楽」と称された。

- 南北朝時代に隆盛を誇った円満井座、坂戸座、外山座、結崎座の大和猿楽四座がそれぞれ、金春座、金剛座、宝生座、観世座の源流となった。

- 観阿弥の子・世阿弥は『風姿花伝』の著者で、物まね主体の猿楽能を歌舞主体の夢幻能へ洗練し、能の芸術性を高めた。

- 能シテ方の宗家で唯一、京都に本拠を置くのは金剛流である。

- 薪能ブームの火付け役となった「京都薪能」は毎年6月、平安神宮で開催される。

　金剛流は能のシテ方五流の一つで、他に観世、宝生、金春、喜多がある。このうち金剛流を除く4流派はみな東京に本拠を置き、金剛流のみが京都を本拠地としている。江戸時代、能は徳川幕府の式楽となり、四座の宗家は江戸に移った。明治維新で幕府の庇護は失うが喜多流も加えた5流の宗家は東京にとどまった。昭和11年（1936）、金剛流二十三世宗家・金剛右京が亡くなり、翌年、京都金剛家・初代金剛巌が京都で金剛家を継承した。

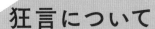

# 狂言について

- 狂言は、室町時代に成立した**滑稽（こっけい）なセリフ劇**である。

- **茂山正虎（しげやままさとら）**は、幕末に**彦根井伊家**に召し抱えられて**茂山千五郎家**を再興し、以後、京都の狂言界で活躍した。

- 茂山千五郎家は**大蔵流狂言**で京都を中心に活動し、「**お豆腐狂言**」をモットーに狂言の普及と大衆化に努めている。

狂言には現在、和泉流（いずみ）、大蔵流の2流派が伝わり、茂山千五郎家は大蔵流の名家。江戸時代中期から代々、禁裏（きんり）御用（ごよう）を務めてきた。「お豆腐狂言」とは茂山千五郎家十世への悪口に由来する。かつて狂言は特別な階層のもので庶民には縁がなかったが、十世千五郎は地蔵盆、結婚式、祝いの席などに出向いて演じ、どこへでも出て行く「お豆腐のような奴だ」といわれた。だが、十世千五郎は「庶民に親しまれるお豆腐でけっこう、誰にでも喜んでもらえる狂言を演じよう」と、「お豆腐狂言」を目指した。

芸術・文化

# 念仏狂言について

- 念仏狂言は念仏の布教のために催されるもので、京の三大念仏狂言として「壬生大念仏狂言」（壬生寺）、「ゑんま堂大念仏狂言」（引接寺〈千本閻魔堂〉）、「嵯峨大念仏狂言」（清凉寺）が知られる。

- 京都の大念仏狂言の中で、セリフが入るのはゑんま堂大念仏狂言である。

　念仏狂言は、平安時代後期の僧で融通念仏の宗祖・良忍によって、摂津国の大念仏寺を道場として始められた。京都では壬生寺、清凉寺などで融通念仏がさかんになり、融通念仏中興の祖・円覚によって、念仏の教えを広める無言劇として始められた。その後、次第に能や狂言の要素が取り入れられ、芸能化が進められた。演者全員が面を着け、頭は頭巾などで覆っているのが特徴。なお、千本閻魔堂の大念仏狂言は平安時代末期の僧・定覚上人によって始められたとも伝えられており、ゑんま堂大念仏狂言のみセリフが入るなど、ほかの2つと異なる点が多い。

ゑんま堂大念仏狂言（土蜘蛛）

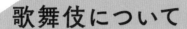

# 歌舞伎について

- 歌舞伎は慶長8年（1603）に**出雲阿国**（いずものおくに）が**北野天満宮**社頭でかぶき踊りを披露したことに始まる。

- 江戸幕府が公認した京の芝居小屋は七つあり、その一つで、明治26年（1893）に廃絶したのは**北座**である。

- **和事**の演出を創始した上方歌舞伎の名優・**坂田藤十郎**と劇作家・**近松門左衛門**（ちかまつもんざえもん）のコンビは数々の名作を残した。

- 京都の師走の年中行事となっている「**顔見世**」が行われるのは**南座**で、役者たちの名前を記した「**まねき**」看板が掲げられる。

　出雲大社の巫女（みこ）を名乗る阿国が一座を引き連れ、北野天満宮でかぶき踊りを披露したのが歌舞伎400年の歴史の始まり。笛や鼓に合わせて男装した女性が官能的な踊りで見物客をとりこにした。その後、阿国は江戸城内で勧進かぶきを披露したといわれるが、以後の消息は不明である。代わって四条河原に登場したのが遊女歌舞伎だが、阿国よりさらに過激な踊りのため上演が禁じられた。続いて若衆歌舞伎も登場するが、風紀を乱すと禁じられ、野郎歌舞伎などを経て現在の歌舞伎へと発展していった。

芸術・文化

芸術・文化

# 五花街について

- 京の五花街の踊りと流派はそれぞれ、祇園甲部—**都をどり**（京舞井上流）、宮川町—**京おどり**（若柳流）、先斗町—鴨川をどり（尾上流）、上七軒—**北野をどり**（花柳流）、祇園東—**祇園をどり**（藤間流）である。

- 京の花街や旧家では、**12月13日**を「**事始め**」とし、新年の準備に取り掛かる。祇園甲部では京舞井上流の家元宅に芸舞妓が挨拶に訪れ、祝儀の**舞扇**を手渡される。

- 舞妓さんが挿す花かんざしは月ごとに変わり、1月—稲穂・松竹梅、2月—梅、3月—菜の花、4月—桜、5月—藤、6月—柳、7月—**団扇**、8月—すすき、9月—桔梗、10月—菊、11月—**紅葉**、12月—まねきである。

- 上七軒は、**北野天満宮**を修造する際の残材で茶屋を建てたことに始まるとされる。

祇園花街には花街らしいお参りの風習が伝わる。「無言詣り」といわれ、「祇園祭の7月17日から24日までの間に、神輿が安置されている四条寺町の八坂神社御旅所に毎晩、願掛けに通うと願い事がかなう」という言い伝えだ。

だが、お参りの行き帰りは、決して誰とも言葉を交わしてはならず、たとえ顔見知りに会っても挨拶もしてはならない。舞妓さん、芸妓さんの間で広まっている風習だが、かつては多くの人が御旅社にお参りに出掛けたという。

# 冷泉家について

> ▪ 冷泉家は、嵯峨野の山荘で百人一首を編纂したとされる藤原定家の孫・為相を祖とし、今日まで約800年の歴史を持つ「和歌の家」である。

　冷泉家住宅は京都御苑の北側に立つ。寛政2年（1790）建築の現存する最古の公家住宅で、重要文化財に指定されている。藤原定家筆の『古今和歌集』や日記『明月記』、歌集、古文書など1000点を超える貴重な文化財を所蔵し、公益財団法人冷泉家時雨亭文庫を設立して保存にあたっている。建物を保存するだけでなく、和歌会始、七夕行事「乞巧奠」など、無形文化財の保護・伝承にも努めている。

和歌会始　披講

# 葵祭について

- 葵祭は**三勅祭**の一つで、平安時代中期に単に「祭」といえば同祭を指した。

- 古来「賀茂祭」と呼ばれ、「**北祭**」の別称もある。

- ５月15日、行列は**京都御所前**を出発、**下鴨神社**を経て**加茂街道**を北上、**上賀茂神社**へ向かう（**路頭の儀**）。両社では勅使が御幣物を神前に献じ、祭文を奏上する（**社頭の儀**）。

- 明治３年（1870）から中断していたが、**岩倉具視**らの尽力により、17年に再興された。昭和31年（1956）には**斎王代**を中心とした女人列が加えられた。

- 前儀として、**流鏑馬神事**（５月３日、下鴨神社）、**御蔭祭**（５月12日、下鴨神社・御蔭神社）、**御阿礼神事**（５月12日、上賀茂神社）などがある。

斎王とは、伊勢神宮や賀茂社に仕える未婚の内親王・女王のこと。現代の葵祭では、斎王役が京都の未婚の女性から選ばれるので「斎王代」という。路頭の儀が行われる前の５月初旬には、斎王代と女人らが下鴨神社・上賀茂神社（隔年交替）で身を清める禊の儀が行われる。「社頭の儀」で重要な役目を果たすのが勅使で、下鴨神社・上賀茂神社では神前にお供え物を献じる。『源氏物語』では光源氏が勅使を務める場面がある。

生活・行事

# 祇園祭について

- 八坂神社の神事・祇園祭は日本三大祭の一つで、別名「鱧祭」ともいう。7月1日の吉符入に始まり、31日の疫神社の夏越祭まで1カ月間続く。

- 貞観11年（869）、疫病流行の際に当時の国数に倣って矛を66本立て、神事を行ったことが始まりとされる。

- 7月17日と24日の巡行順を決めるくじ取り式は京都市役所で行われるが、毎年、前祭の先頭を行く長刀鉾など、古例により順番が決まっている山鉾が10基あり、「くじ取らず」という。

- 前祭の巡行は、四条堺町でのくじ改め、四条麩屋町で行われる長刀鉾稚児による注連縄切りを皮切りにスタートする。

- 祇園花街には、祇園祭の7月17日から24日までの間、四条寺町の八坂神社御旅所に無言詣りする風習が伝わる。

- 輪切りにしたときの切り口が八坂神社の神紋と似ているため、祇園祭の期間はキュウリを口にしない。

祇園祭のクライマックスは山鉾巡行。7月17日の前祭巡行では長刀鉾を先頭に23基の鉾と山が四条烏丸に集合する。四条堺町でくじ改めをし、各山鉾の巡行順に間違いがないことを確認。四条麩屋町に来ると、斎竹を立てて張られた注連縄を長刀鉾の稚児が刀で一気に切り落とす。稚児は神の使いで、注連縄は神域と俗界の境界。それを切り落とすことで神域に進んでいくことを意味するのだという。巡行の見せ場の一つで、切り落とした瞬間、観衆から歓声が上がる。7月24日の後祭巡行では11基の山や鉾が烏丸御池から出発。くじ改めは御池通寺町東入北側で行われる。

生活・行事

# 時代祭について

- 時代祭は**平安神宮**の祭りで、**10月22日**に行われる。

- 行列は**京都御所建礼門前**を出発し、**平安神宮**に向かう。

- 時代行列は、**維新勤王隊列**を先頭に平安時代まで順にさかのぼり、かつて薪・炭などを京の町に売りに来ていた**大原女**が参加する中世婦人列、行在所祭で献花を行う**白川女献花列**などがある。

時代祭は、平安京を造営した桓武天皇と京都最後の天皇・孝明天皇の御霊代を鳳輦に遷す神幸祭で始まる。祭りの山場である時代行列は明治維新から江戸、安土桃山、室町、吉野、鎌倉、藤原、延暦の8時代、20列で約2000人、70頭を超える牛馬が並び、行列は全長約2km。京都御苑から平安神宮まで約4.5kmを4時間以上かけて進む。衣装・祭具など約1万2000点は厳密な時代考証を経て復元。京都全市が地域ごとに祭りの運営に参加する。

時代祭 維新勤皇隊

# 京都五山送り火について

- 8月16日に行われる京都五山送り火の点火時間・場所は次の通りである。

**午後8時00分** 大文字（如意ヶ岳・大文字山）

**午後8時05分** 妙・法（松ヶ崎、西山・東山）

**午後8時10分** 船形（西賀茂・船山）

**午後8時15分** 左大文字（大北山・大文字山〈大北山〉）

**午後8時20分** 鳥居形（嵯峨鳥居本・曼荼羅山）

　盂蘭盆会で迎えた先祖の精霊をあの世へ帰す「京都五山送り火」は、京の夏の風物詩となっている。起源には諸説あり定かではない。五山の中でも大文字は、平安時代初期に空海が始めたとも、室町時代中期、足利義政が陣中で死んだ子・義尚を弔うために始めたとも。船形は西方寺の創建者・円仁が唐から帰国中に嵐に遭い、「南無阿弥陀仏」と唱えて助かったことから船をかたどって点火したという。鳥居形には諸説あるが、空海が石仏1000体を刻み、開眼の際に点火したとされる。

大文字（如意ヶ岳）

# 十三まいりについて

- 十三まいりは、数え年13歳の子どもが3月中旬から5月中旬にかけて**法輪寺（西京区）**などに参詣し、大人の智恵を授かる行事である。

- 法輪寺の十三まいりの帰り道では、**渡月橋**を、後ろを振り返らないように渡る。

　十三まいりでは、数え年13歳の子どもが厄難を祓い智恵を授かるために、智恵と福徳の虚空蔵菩薩にお参りする。これは平安時代前期、幼くして即位した清和天皇が13歳になったとき、成人の証として法輪寺で勅願法要を行ったのが始まり。13歳は男女とも心身が成育し成人に達するとされる時期で、女子は初めて本裁の着物を肩上げして着る。半紙に自分が大切にしている漢字1文字を書いて菩薩に供え祈祷する。

十三まいり（法輪寺）

生活・行事

# 三船祭について

- 三船祭は、大堰川に船を浮かべて船上で舞楽の披露や献茶式などを行い、船から和歌などを書いた扇を流す、車折神社の祭りである。

車折神社は、平安時代後期の儒学者で学問に秀でていた清原頼業を祭神として祀る。学業成就・商売繁盛などのご利益があるとされる。境内には天宇受売命を祀った芸能神社があり、芸能の神として伎芸上達を願う人たちに信仰されている。車折神社例祭の延長神事で、毎年5月の第3日曜日に行われるのが三船祭。平安時代の白河天皇が催した舟遊びに倣って管弦、舞楽、流扇などを披露。平安絵巻さながらの雅を繰り広げる。

三船祭（車折神社）

生活・行事

# 夏越祓について

▪ 6月30日に各神社で行われる疫病除けの夏越祓（なごしのはらえ）では、氷室の氷をかたどったとされる水無月（みなづき）を食べる。

　古来、毎年6月と12月の晦日（つごもり）に罪や穢れを祓う「大祓（おおはらえ）」が行われるが、6月の晦日に行われるのを「夏越祓」といった。1月から半年間の悪厄を祓い、残りの半年を無病息災で過ごせるよう祈願した。水無月は、三角形の白い外郎（ろう）に小豆（あずき）をのせたもの。小豆は悪厄を祓い、下の白い部分が暑気払いの氷を表すといわれる。多くの神社では境内に大きな茅輪が飾られ、その中をくぐると悪厄を祓うことができ、無病息災になるとされる。

茅輪（城南宮境内）

生活・行事

# 千日詣りについて

- 7月31日夕刻から翌早朝にかけての愛宕神社への参拝は「千日詣り」と呼ばれ、子どもが3歳までに詣でると、一生火難に遭わないとされる。

愛宕神社は、京都北西にそびえる標高約924mの愛宕山に鎮座する。東の比叡山に対し、西は愛宕山が神仏習合の山岳修行の場として敬われた。同社は古くから防火・鎮火の神として信仰された。創建は古く、大宝年間（701～704）に役小角と泰澄によるとされる。祭神に勝軍地蔵を祀っていたので、武家の信仰も集めた。千日詣りは、7月31日の夜から8月1日の朝までに参拝すると千日分のご利益があるとされ、大勢の参拝客でにぎわう。

千日詣り（愛宕神社）

# 鞍馬の火祭について

- 京の三大奇祭の一つ、鞍馬の火祭は10月22日に由岐神社で行われ、「神事にまいらっしゃれ」の神事触れでスタートする。

由岐神社は鞍馬神社の参道途中にある。当初は内裏に祀られていたが、京の都に天変地異が続いたので、朱雀天皇の命で北方鎮護のため鞍馬に遷宮された。天慶3年（940）、祭神の由岐明神を御所から鞍馬に遷す時、鞍馬の人々が松明や篝火を焚いて迎え、遷宮の行列は1kmに及んだ。この時の様子を後世に伝えたのが鞍馬の火祭の始まり。松明を担いだ若衆の威勢のいい「サイレイヤ、サイリョウ」の掛け声とともに火の粉が舞い、勇壮な祭りは午前0時頃まで続く。

鞍馬の火祭（由岐神社）

# 六道まいりについて

- 六道まいりとは、**六道珍皇寺**（東山区）で行われる盂蘭盆の**精霊迎え**の行事である。

- 六道とは、仏教でいう、地獄・餓鬼・畜生・修羅・人道・天道の6つの迷いの世界「迷界」のことで、人は悟りの境地（悟界）に達しない限り、死後、迷い・苦しみの六道の世界で生死を繰り返す（輪廻）という。

- 六道珍皇寺の門前（あるいは西福寺周辺）は「**六道の辻**」と呼ばれ、この世とあの世の境目さとされる。

- 六道まいりで人々が求める**高野槇**は、先祖の霊が宿る依代とされる。

六道まいりとは、六道珍皇寺（東山区）で毎年8月7日から10日までの4日間に行われる盂蘭盆の行事。京都では先祖の霊のことを「オショライサン」（お精霊さん）と呼んで、盂蘭盆の時期に各家で報恩供養を行うが、その先祖の霊を六道珍皇寺へお迎えに行くのである。寺の立つ場所あたりは、平安京の葬所で風葬地の鳥辺野の入り口付近にあたり、まさにあの世とこの世の境「六道の辻」とされている。

六道まいりの期間中は境内に高野槇や蓮などの出店が並ぶ。高野槇は精霊の依代とされ、それを買い求めた人々は、本堂前で「水塔婆」に先祖の戒名をしたためてもらい、「迎え鐘」を撞いて精霊を迎える。その後「水塔婆」を線香場で浄め、地蔵堂前で「水回向」を行って納め、精霊の宿った高野槇を持ち帰る。この精霊迎えの行事は、上京区の引接寺でも行われている。

# 曲水の宴について

- 曲水の宴とは平安時代の**宮中行事**を再現したものである。

- 城南宮のほか、**上賀茂神社**や**北野天満宮**でも行われている。

- 起源は**古代中国**とされ、書聖・王羲之の『蘭亭序』にも登場する。

- **遣水**と呼ばれる曲がりくねった小川を前に、**平安装束**に身を包んだ歌人たちが和歌を詠む雅な行事である。

「曲水の宴」は、平安貴族の歌遊びを再現した行事。例年4月29日に城南宮（伏見区）神苑内の平安の庭で行われる。「曲水の宴」は「ごくすいのえん」ともいい、古代中国が起源とされ、書聖・王羲之の『蘭亭序』にも書かれている。わが国では、平安時代には宮中行事の一つであった。たいへん雅な行事で、平安貴族の装束を身に着けた歌人が遣水と呼ばれる曲がりくねった小川沿いに座ると、鴛鴦の形をした木彫りの「羽觴」の背に盃を載せて川上から次々に流す。歌人は当日の歌題に合わせて和歌を詠み、短冊にしたためた後、羽觴を取り上げ、盃の酒を飲み干す。宴の間には白拍子の舞なども奉納され、興を添える。なお、城南宮の曲水の宴は11月3日にも行われるほか、北野天満宮でも「北野天満宮　曲水の宴」が、4月第二日曜には上賀茂神社で「賀茂曲水の宴」が行われる。

曲水の宴（城南宮）

# かにかくに祭について

- かにかくに祭は、歌人の**吉井勇**を偲び、11月8日に祇園・白川のほとりに立つ歌碑の前で行われる。

　かにかくに祭の名は「かにかくに祇園はこひし寝るときも 枕のしたを水のながるる」という吉井勇の歌から。「かにかくに」とは、あれこれと、いろいろの意。吉井は、祇園をこよなく愛した大正・昭和期の代表的歌人・劇作家。昭和30年（1955）、吉井の古希を祝い、谷崎潤一郎らによってこの歌の碑がお茶屋「大友」の跡地に建てられた。大友は「祇園に大友あり」といわれるほど有名で、吉井勇、夏目漱石といった文人らが足しげく通ったという。

　なお、かにかくに祭は祇園甲部関係者内の行事として行われている。

かにかくに祭

生活・行事

# 弘法さん・天神さんについて

- 東寺の境内や門前では、弘法大師の月命日である毎月21日に、「弘法さん」と呼ばれる市が開かれる。一年最初の縁日を「初弘法」、その年最後の縁日を「終い弘法」という。

- 北野天満宮の境内や門前では、菅原道真（すがわらのみちざね）の誕生日・命日にちなむ毎月25日に、「天神さん」と呼ばれる市が開かれる。一年最初の縁日を「初天神」、その年最後の縁日を「終い天神」という。

弘法大師を供養する命日の法要はやがて参詣者が増え、「一服一銭」といわれる茶屋が出始めた。江戸時代には植木屋、薬屋なども出て市が立った。これが現在の弘法さんの起源。弘法さんと天神さんはよく対比され、「弘法さんが晴れやったら天神さんは雨や」とも。天候サイクルが変わりやすいことをいう。また弘法さんが晴れで天神さんが雨なら「弘法さんの勝ち」などともいわれる。

弘法市（東寺境内）

# 精進料理について

- 精進料理とは、**仏教**の教えに従って**動物性**の食材を使わずに調理された料理のこと。
- 鎌倉時代に**禅宗**とともに**中国**から伝えられたもので、作ること及び食べること自体が**修行**だと考えられている。
- 千利休らによって**懐石**料理へと結び付けられた。

精進料理とは、鎌倉時代に禅宗の教えとともに中国から日本に伝えられた料理で、日本の曹洞宗の開祖・道元が著した『典座 教 訓』をベースにしているとされる。殺生を禁ずる仏教の教えに従い、動物性の素材を使用せず、野菜や海藻などで構成されるが、宗派によって種類や調理法はさまざまである。この精進料理は、茶の湯を体系化させた武野紹鷗、千利休によって、いわゆる一汁三菜の懐石料理に結び付いていく。わび茶の精神に見えるように、極限まで簡素化された膳の中に、もてなしの心を盛り付けたのである。

# 懐石料理について

> ▪ 懐石料理は「一汁三菜」を基本とし、**茶道**とともに発達した。

懐石料理とは茶事の際に供される簡素な料理のこと。村田珠光（しゅこう）がわび茶を広めてから、茶事では茶を主とし、料理は簡素を旨とした。それまでの茶会は豪華な料理が供される酒宴にすぎなかった。そもそも懐石は、禅宗の「温石（じゃく）」に由来する。修行中の僧が温めた石を懐に入れて空腹感を和らげたことから、派手で豪華な本膳料理を離れ、極めて簡素な中に心を込めて客人をもてなす料理を「懐石」と呼んだとされる。

# 正月の料理について

- 京都の雑煮は具材を丸いもので調え、**白味噌**仕立てにする。具材は縁起を担ぎ、出世の願いを込めた**頭芋**（かしらいも）、根を張る**雑煮大根**、子孫繁栄の**小芋**、大きな芽が出る**クワイ**などを用いる。

- おせち料理には、**カズノコ・たたきごぼう・ごまめ**の「三種」が欠かせない。

- 正月の膳に並ぶ鯛の姿焼きは、三が日の間、箸をつけないことから、「**にらみ鯛**」と呼ばれる。

- 祝い箸は、両端が細く削られた**柳箸**を使用する。

正月のお祝い料理に欠かせない「三種」とは、カズノコ、たたきごぼう、ごまめのこと。カズノコは、卵の数が多いことから子孫繁栄を願って出される。たたきごぼうは、「地に根を下ろすように」と願って供する。ごまめは素干ししたカタクチイワシを醤油やみりんなどで飴煮にしたもので、「田作」（たづくり）ともいわれ、豊作などを願って食す。三種を重箱に入れるのは、「おめでたさを重ねる」の意からである。

# 雛祭りの料理について

- 雛祭りの料理には、ハマグリやシジミなどの貝料理、ばら寿司、笹鰈（姫鰈）の干物、雛あられや菱餅、生菓子の引千切などがある。

雛祭りの時に出される京都独特の上生菓子が引千切。こなしや外郎の生地を引きちぎったような形にし、くぼみにきんとんや餡玉をのせたもの。平安時代、子どもの頭に戴餅をのせて幸福を祈った「戴餅の儀」に由来する。やがて宮中の儀式が民間に伝わり、女子出産時に戴餅を贈る風習となり、現在の引千切に受け継がれたとされる。宮中で餅を丸める人手が足りず時間を惜しんで引きちぎったため、このような形になったという。

ハマグリのお澄まし

菱餅

ばら寿司

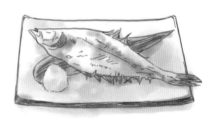

笹鰈の干物

# 鯖寿司について

> ■ 鯖寿司は京都の祭りや行事に欠かせない食べ物で、サバの揚がる若狭から京に続く街道は「鯖街道」とも呼ばれた。

鉄道や自動車が普及する以前は、海から遠い京の都は魚の入手が困難だった。そこで若狭の浜に揚がったサバを京まで夜を徹して徒歩で運んだ。この街道を「鯖街道」という。若狭の小浜から京の出町柳を結ぶ街道で約76kmの行程。サバは日持ちするようにひと塩されて運ばれた。京に着く頃、ちょうどいいあんばいにサバに塩が回った。これをネタにしたのが鯖寿司である。現在、小浜から出町柳までの約72kmを走り通すマラソンが毎年開催されている。

鯖寿司

# 賀茂なすについて

- 賀茂なすは、へたが**3**片に分かれ鋭いとげを持つのが特徴の京野菜である。

- 賀茂なすは、みそとの相性がよく、**田楽**として食されることが多い。

寺社が多い京都では精進料理が発達し、「京野菜」と呼ばれる独特の野菜が栽培されてきた。「京の伝統野菜」には「明治以前から京都府内で作られている」などの定義があり、現在は約40種が認定されている。その一つ、賀茂なすは上賀茂・西賀茂付近を中心に栽培され、直径10cm前後の球形で、重さは大きいものだと1kgほど。ヘタが3枚に分かれ、鋭く長いとげがあるのが特徴。皮は軟らかく肉質が締まり、煮付け、焼きなす、田楽などに適している。

賀茂なす

# 鹿ヶ谷かぼちゃについて

- 鹿ヶ谷かぼちゃは江戸時代に津軽から伝わった菊座かぼちゃが元になり、**ひょうたん形**をしている。

- 夏の土用には鹿ヶ谷の**安楽寺**で、鹿ヶ谷かぼちゃを炊いて食し中風除けを祈願する「**かぼちゃ供養**」が行われる。

鹿ヶ谷かぼちゃは左京区鹿ヶ谷で作られたのが始まりとされるカボチャで、ひょうたんに似た独特な形をしている。一般のカボチャと比べ栄養価が高く、特にビタミンCに優れ、リノレン酸は一般のものの約7倍も含む。鹿ヶ谷の安楽寺では、江戸時代から夏の土用にかぼちゃ供養が行われてきた。安楽寺を復興した真空が、阿弥陀如来から「夏の土用にカボチャを食べると中風にならない」と告げられたのに由来し、現在も参拝者に鹿ヶ谷かぼちゃの煮物が振る舞われている。

鹿ヶ谷かぼちゃ

# えびいもについて

- えびいもは里芋の一種で、エビの姿に似ていることからこの名が付いた。棒鱈と炊き合わせたおばんざいで知られる。

えびいもはエビのように反り返った紡錘形をしていることからこの名が付いた。黒い横しまがあるのが特徴で、里芋の一種だが、きめ細やかな肉質でとろけるような甘みがある。享保年間（1716～36）に、青蓮院宮が長崎から持ち帰った唐芋の栽培を、祇園の「いもぼう平野家本店」の初代・平野権太夫に依頼したのが始まりだという。えびいもと棒鱈を炊き合わせたおばんざいは、京都の伝統料理の一つとして親しまれている。

えびいも

# 堀川ごぼうについて

- 堀川ごぼうは、豊臣家滅亡後、**聚楽第の堀**で生育したのが
  始まりとされる。

- 肉質が軟らかく、中央が**空洞**になっているのが特徴である。

堀川ごぼうは、長さ80cm、太さ6cm
ほどで普通のゴボウより太く、先端が
タコの足のように分かれている。胴体
の中に空洞があるのが特徴。香り高く
繊維が軟らかいので、味が中まで染み
込みやすい。空洞を利用して肉詰めに
するのにも適している。実は400年近
い歴史を誇り、豊臣秀吉が造営した聚
楽第には大きな堀があったが、豊臣家
滅亡後、建物は破壊され堀はゴミ捨て
場になった。そこに生育するゴボウを
地元の農民が見つけ、栽培したのが始
まりだという。

堀川ごぼう

# 聖護院かぶについて

- 聖護院かぶは**千枚漬**の材料としてよく知られ、かぶら蒸しや炊き合わせなどにも使われている。

　京都の名物といえば漬物。なかでも千枚漬は京都の冬を代表する漬物で、すぐき、しば漬とともに京都三大漬物の一つ。その千枚漬は聖護院かぶから作られている。どっしりとした大きなカブで、重さは1〜5kgにもなる。緻密な肉質でみずみずしく甘い風味は、千枚漬の材料にピッタリだ。千枚漬は専用のかんなでカブを薄くスライスし、塩を微妙に加減し、良質の昆布をたっぷりと用いて漬け込んだ漬物の傑作。聖護院かぶを漬け込む作業は冬の訪れを感じさせる。

聖護院かぶ

110

# はなびら餅について

- はなびら餅は、丸い白餅に紅の菱餅と白味噌餡を置き甘煮のゴボウを挟んだ、正月を代表する伝統菓子である。

はなびら餅は新春をことほぐきれいな生菓子で、宮中で正月に作られていた料理「御菱葩」をルーツとする。御菱葩は「歯固め」の行事に由来するとされ、儀式が次第に転化していく中で、当初載せられていたアユの代わりにゴボウとなった。明治時代、御粽司・川端道喜の十二代当主と裏千家十一代・玄々斎が工夫を重ねて初釜の主菓子に仕上げた。現在は「はなびら餅」として川端道喜をはじめ、全国の和菓子店で販売されている。

はなびら餅

# 亥の子餅について

- 亥の子餅は、無病息災・子孫繁栄などを願い、旧暦の10月にあたる亥の月、亥の日、亥の刻に「御玄猪」という餅を食べる儀式に由来する。

- 茶家では亥の日を開炉の日として亥の子餅を食べる。護王神社では11月1日に無病息災を祈願する亥子祭が行われ、亥の子餅を御所に献上する。

亥子祭が催される護王神社は、和気清麻呂と姉・広虫を祭神として祀る。清麻呂がイノシシに救われた故事にちなみ、境内には狛犬ではなく狛イノシシが鎮座し、「いのしし神社」ともいわれている。亥子祭では、小豆、ゴマ、栗の粉を平安朝の装束をまとった宮司らが杵と臼でつき、亥の子餅を作って供える。餅が出来上がったら、皇室に献上するため行列が京都御所に向かう。境内でも亥の子餅が参拝者に振る舞われる。

亥の子餅

# 長五郎餅について

> ▪ 長五郎餅は、北野大茶湯（きたのおおちゃのゆ）で豊臣秀吉に称賛されたのをきっ
> かけに北野名物となった。

北野大茶湯で長五郎餅を豊臣秀吉に献上したのは、この餅を考案した「河内屋長五郎」と名乗る人物だった。彼は北野天満宮の縁日で餅を売っていたが、これが美味だと評判になっていた。天正15年（1587）、秀吉が天満宮で北野大茶湯を催した際、長五郎が餅を献上すると、秀吉はいたく気に入り「長五郎餅」と名付けたという。これが現在も北野天満宮門前で店を営む長五郎餅本舗の由来である。薄い餅皮に餡（あん）を包んだ上品な味が人気。

長五郎餅

# みたらし団子について

- みたらし団子とは**下鴨神社**の神饌菓子で、境内の**御手洗池**（みたらし）に湧く水の泡を表しているとされる。

- みたらし団子は団子が竹串に**5**つ刺さっているが、いちばん上の一つと後の**4**つの間が少しあいているのが特徴。

竹串に5つの団子を刺して炭火であぶり、黒砂糖ベースのタレをくぐらせたもので、下鴨神社の神饌菓子。いちばん上の一つと、それ以外の4つの団子の間隔を少しあけて串に刺すのが特徴で、下鴨神社境内に広がる糺（ただす）の森にある御手洗池（清めの泉水）に湧く水の泡を表しているとされる。また、一説にはいちばん上の一つが頭で、人の体という説も。現在は神社の北西にある亀屋粟義で販売されており、同店は「加茂みたらし茶屋」として親しまれている。

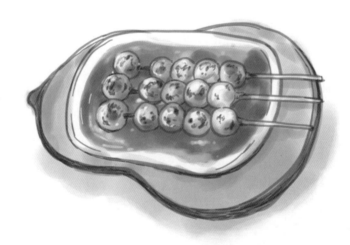

# 京ことばについて

- 代表的な京ことばには、「上がる・下がる」（北に行く・南に行く）、「あかん」（だめだ）、「いーひん」（不在）、「いけず」（意地悪）、「おぶ」（茶）、「ごもく」（ごみ）、「どんつき」（突き当たり）、「はんなり」（上品で明るい）、「べべ」（着物）、「ほかす」（捨てる）、「むしやしない」（軽食）などがある。

「京ことば」とひと言でいっても、御所ことば、花街ことば、職人ことば、中京ことばなど数多い。大きな特徴としては、「きー」「じー」「えー」など母音を伸ばして発音し、まろやかで雅な雰囲気を出す。「おかゆさん」「おいもさん」など食べ物にも「お」「さん」を付けて美化する。「〜はる」など軽い敬語を子どもや友人、動物にも使い、なごやかさや親しみを感じさせる、などの点がある。「はんなり」は「花なり」から転じた京独特の言葉。

生活・行事

# ことわざについて

- 古くから伝わることわざには京都に関連があるものも見られる。

- 「**清水の舞台**から飛び降りる」とは、死ぬつもりで向かうような一大決心をすることを指し、「**清水の舞台**」とは、舞台造が勇壮な清水寺の本堂のこと。

- 「**東男に京女**」とは、男性は気前のいい江戸の男がよく、女性は優しい京都の女がよいという意味である。

- 「**白川夜船**」とは知ったかぶりをすることを言う。

　古くから伝わることわざには、京都にまつわるものもある。わが国の歴史の中で長い期間、都であったことから、京都を褒めるものも多いが、一方でその逆も。京都の人々の気質を表したものも多く見られる。例えば、「東男に京女」は、男性は気前のいい江戸の男がよく、女性は美しくて優しい京都の女がよいということ。また、「京はお口のべっぴん」は京ことばの上品さを褒める一方で、それがうわべだけのものではないかという懐疑心も匂わせている。また、知ったかぶりをすることを「白川夜船」といい、諸説あるが、白川とは鴨川へ注ぐ細く浅い川で、船など通れないはずなのに、京に行ったことのない人が「白川を船で通ったが、寝ていたのでよくわからなかった」と話したというエピソードによる。

# 通り名の歌について

- 京の中心部を東西に走る通り名を覚える歌として「丸竹夷（まるたけえびす）二押御池（におしおいけ）　姉三六角蛸錦（あねさんろっかくたこにしき）　四綾仏高松万五条（しあやぶったかまつまんごじょう）…」がある。

京都の通りは東西南北が碁盤目状になっているので、その通り名と順序さえ覚えておけば、迷うことなく洛中を歩くことができる。室町時代頃には通り名を覚えるためのわらべ歌ができ、子どもたちは歌を歌って通り名を覚えた。「丸竹夷二押御池」は、京の中心部を東西に走る通りを北から順に歌ったもの。「丸」は丸太町通、「竹」は竹屋町通、「夷」は夷川通、「二」は二条通、「押」は押小路通、「御池」は御池通を指す。

# 戌の日について

▪ 京都では妊娠5カ月を迎えた妊婦は、**戌**の日に岩田帯を巻くならわしがある。これは、お産の軽い犬にあやかろうとするものである。

▪ 岩田帯は、**わら天神**（敷地神社）などで授与されている。

　京都にはさまざまな風習やならわしがある。例えば、妊娠5カ月目を迎えた妊婦は、安産を祈願して戌の日に岩田帯を巻く。犬のお産が軽いことにあやかろうというもので、岩田帯はわら天神（敷地神社）や染殿院（染殿地蔵）などで授与されている。

　ちなみに、わら天神で授与される安産御守の本体は稲わらで、そのわらに節があれば男の子、なければ女の子が生まれるとの言い伝えがある。

わら天神（敷地神社）

# 重要伝統的建造物群保存地区について

> ■ 京都市内では現在、重要伝統的建造物群保存地区として「産寧坂」「祇園新橋」「嵯峨鳥居本」「上賀茂」の4地区が指定されている。

産寧坂は清水寺参道から北へ延びる石畳の階段で、一念坂・二年坂を経て高台寺へと続く。「産寧坂」地区は石塀小路まで含むエリアで、京情緒がたっぷり味わえる。「祇園新橋」は白川のほとり、祇園一帯のエリアで、江戸時代末期から明治時代初期にかけての建物が残り、京格子、犬矢来など、古き良き時代の洗練された町並み。「嵯峨鳥居本」は奥嵯峨にあり、素朴な茅葺き民家が立ち並ぶ。「上賀茂」は伝統的な社家が軒を連ね、美しい景観を保っている。

産寧坂

# 桜の名所について

- 京都府内の主な桜の名所には、**石清水八幡宮**、**上賀茂神社**、**清水寺**、**地主神社**、**勝持寺**、**醍醐寺**、**哲学の道**、**半木の道**、**二条城**、**仁和寺**、**毘沙門堂**、**平野神社**、**平安神宮**、**円山公園**、**龍安寺**などがある。

　京都は洛中洛外を問わず、各所で見事な桜を見ることができる。夜桜の名所に注目すれば、ひときわ美しいのが円山公園。園内には巨大な枝垂れ桜を中心に約630本もの桜があり、とりわけ、中央の祇園しだれ桜がライトアッ

プされた姿は圧巻。清水寺では、清水の舞台から桜と京都市内を一望できる。高台寺は、方丈庭園のライトアップが神秘的な雰囲気を醸し出す。二条城は庭園内の約300本の桜と城が光に照らされ、夜空に鮮やかに浮かび上がる。

円山公園の枝垂れ桜

# 哲学の道について

- 哲学の道とは、左京区の琵琶湖疏水分線に架かる**若王子**橋から**銀閣寺**橋までの間の散歩道である。

- 大正時代に活躍した哲学者・**西田幾多郎**らが好んで歩き、思索に耽ったことからその名が付いたとされる。

- 哲学の道から**法然院**へ向かう道の角には**西田幾多郎**の歌碑があり、「人は人　吾はわれ也　とにかくに吾行く道を吾は行なり」と刻まれている。

- 周辺に**名所・旧跡**が多く、また四季折々に美しい風景が楽しめる哲学の道は、京都屈指の観光コースとなっている。

京都には歴史に彩られた散歩道が多くあり、それらは愛称を持って人々に親しまれている。左京区の琵琶湖疏水分線に架かる若王子橋から銀閣寺橋までの間の約1.5kmに渡る散歩道は「哲学の道」と呼ばれている。京都帝国大学の西田幾多郎や河上肇、田邊元らの大正時代に活躍した哲学者が好んで散歩したことからその名が付いたとされる。周辺には、銀閣寺や法然院、安楽寺など名所・旧跡も多く、また春の桜、夏のホタル、秋の紅葉と四季折々に風情ある風景を楽しめることから、観光客も多い。この哲学の道から法然院へ向かう道の角に西田幾多郎の歌碑があり、その脇には画家・橋本関雪の妻、米子が植えた通称「関雪桜」がある。1986年（昭和61）に建設省による「日本の道百選」に選ばれている。

哲学の道

# さわらびの道について

- さわらびの道は、宇治橋東詰から放生院、宇治神社、宇治上神社を通って、源氏物語ミュージアムへと続く散策路。

- 『源氏物語』の「宇治十帖」の一つ、早蕨の古蹟が途中にあり、道の名はそれにちなんでいる。

- 宇治橋を中心とする宇治川両岸には10カ所の「源氏物語宇治十帖古蹟」があり、また朝霧橋東詰には宇治十帖のモニュメントがある。

紫式部が著した『源氏物語』の最後の10帖の舞台は宇治であり、「宇治十帖」と呼ばれている。宇治橋を中心とした宇治川の両岸には10カ所の「源氏物語宇治十帖古蹟」があり、その一つ「早蕨」の古蹟付近を通る散策路が「さわらびの道」だ。宇治橋東詰から宇治川の右岸（東側）に沿って源氏物語ミュージアムへと続く。途中、橋寺として知られる放生院や宇治神社、世界遺産に登録されている宇治上神社を通り、その北側には「総角」の古蹟もある。新緑や紅葉のトンネルも楽しめ、「ヒカルゲンジ」という品種のツバキも植えられている。ちなみに、さわらびの道に入らずに宇治川右岸沿いを通るのは朝霧通。朝霧橋東詰には宇治十帖のモニュメントがある。ヒロイン・浮舟と匂宮が小舟で宇治川に漕ぎだすシーンがモチーフとされている。

さわらびの道

# これで合格!?
# 京都検定3級☆必勝法

## その一
## 時事問題をチェックしよう!

　これまで必ず出題されてきたのが京都にまつわる時事問題。例えば、大河ドラマの主人公にまつわる問題はよく出題されます。テレビや映画はもちろん、話題のイベント・新しい施設など、タイムリーな情報には常にアンテナを張っておきましょう。

## その二
## フィールドワークに出かけよう!

　フィールドワークとは実際に現地を訪れて、自分の目でよく観察すること。京都検定の目的は「京都知ってもらい、京都好きになってもらうこと」ですから、ぴったりの勉強法ですね。積極的に足を運び、京都の歴史や文化、習慣、自然などを五感で感じてみてください。

## その三
## 過去問の有効活用で合格率アップ!

　今回マスターしたトピックの実際の出題形態を知り、解答時間のペース配分をつかんでおく、という意味からも、過去問題の活用は有効な学習法。各カテゴリーの出題順や割合などにも慣れておくことで、試験本番でも慌てることなく実力を発揮できるはずです。

## その四
## 解答中は「迷ったら飛ばす」が鉄則!

　3級の出題数は全100問。「手強い問題だなぁ」と感じたらとりあえず"スキップ"して次へ進みましょう。難問奇問の類いが出題されたら潔くパス。自信をもって解答できる問題で確実に点数を稼ぎ、合格点を目指しましょう。

## その五
## やっぱり地元紙は強い味方!

　直近のニュースや地域の話題を押さえておくには地元紙の活用が効果的。毎日約41万部が発行される京都新聞は、社寺や文化財、祭事などについての最新情報を網羅。くまなく目を通して京都の"今"を知っておきましょう。

# 自分でつくる **用語集**

| | |
|---|---|
| （例）京都検定 3 級　虎の巻 | 過去問題に基づいて出題力が高いものを厳選している。チェックシートを併用すれば効果的に学習することができる。 |
| | |
| | |
| | |
| | |
| | |
| | |
| | |
| | |
| | |
| | |
| | |
| | |
| | |
| | |
| | |
| | |

## 参考文献

『京都の歴史　1〜4』(佛教大学編)、『千年の息吹き　上・中・下』、『平安京年代記』、『平安京散策』、『源氏物語の雅び　平安京と王朝びと』、『中村武生とあるく洛中洛外』、『ようわかるぜよ！坂本龍馬』、『京都御所　大宮・仙洞御所』、『桂離宮　修学院離宮』、『京の門』、『西国三十三所〜やすらぎの観音めぐり〜』、『京都の地名を歩く』、『京都文学散歩』、『京の文学碑めぐり』、『京の墓碑めぐり』、『京都町名ものがたり』)、『茶の宇宙　茶のこころ』、『はんなりと　京舞妓の四季』、『京都祇園祭』、『菓子ひなみ』、『京の口うら』、『京都検定　問題と解説 第１〜15回』、『中村武生の京都検定日めくりドリル500問』
以上京都新聞出版センター

『京都府百年の年表』(京都府)／『平安時代史事典』(古代学協会)／『院政期の京都　白河と鳥羽』(京都市埋蔵文化財研究所)／『琵琶湖疏水の100年』(京都市水道局)／『宇治の歴史と文化』(宇治市教育委員会)／『宇治の散歩道　第二集—中宇治地域編—』(宇治市文化財愛護協会)／『キトラ古墳壁画四神—玄武』(飛鳥資料館)／『京都の歴史』(学芸林)／『国史大辞典』『日本の時代史 7』『歴代天皇・年号事典』『京都・山城　寺院神社大事典』『北野天神縁起を読む』(吉川弘文館)／『京都府の地名＝日本歴史地名大系26』『京都市の地名＝日本歴史地名大系27』『演劇百科大事典』『能・狂言事典』『世界大百科事典』(平凡社)／『岩波日本史辞典』『岩波日本庭園辞典』『歌舞伎以前』『風姿花伝』『広辞苑』(岩波書店)／『角川新版日本史辞典』『平安時代史事典』『平安京堤要』『角川日本地名大辞典26　京都府上巻』(角川書店)／『図説 京都府の歴史』(河出書房新社)／『日本史広辞典』『県史26　京都府の歴史』『京都府の歴史散歩　上・中・下』(山川出版社)／『よみがえる平安京』『京の町家』『新版茶道大辞典』『壬生狂言』『改訂版 京都・観光文化検定試験　公式テキストブック』(淡交社)／『日本の歴史 9　日本国王と土民』(集英社)／『豊臣秀吉と京都』(文理閣)／『京都インクライン物語』『新潮世界美術辞典』(新潮社)／『戦国人名事典』(新人物往来社)／『風水都市—歴史都市の空間構成—』『町家再生の技と知恵』『町家再生の創意と工夫』(学芸出版社)／『週刊 古寺をゆく(シリーズ)』『京都の祭り暦』『日本国語大辞典』(小学館)／『京都の寺社505を歩く　上・下』『地名で読む京の町　上・下』(PHP研究所)／『新修京都叢書』(臨川書店)／『京都の禅寺散歩』(雄山閣)／『新撰京都名所図会』(白川書院)／『日本建築辞彙』(丸善株式会社)／『建築大辞典』(彰国社)／『近代建築史』(昭和堂)／『桂離宮』(育成社)／『京町家』『風姿—能を見に行こう』『京都花街』『京のあたりまえ』『京の儀式作法書　その心としきたり』(光村推古書院)／『日本の名著　第10巻・世阿弥』『出雲のおくに』『大村しげの京のおばんざい』(中央公論社)／『冷泉家・蔵番ものがたり』(日本放送出版協会)／『国宝の旅　日本の美 日本のこころ』(講談社)／『週刊朝日百科　日本の祭り』(朝日新聞社)／『葵祭』(京都書院)／『愛宕山と愛宕詣り』(佛教大学アジア宗教文化情報研究所)／『京ことば辞典』『上方ことば語源辞典』(東京堂出版)／『コンサイス日本人名事典　改訂新版』(三省堂)

掲載社寺・施設のパンフレットおよび発行物

**画像提供**

上御霊神社・金戒光明寺・京都市上下水道局・今宮神社・上賀茂神社・北野天満宮・下鴨神社・平安神宮・八坂神社・城南宮・伏見稲荷大社・宇治上神社・妙法院・青蓮院・延暦寺・泉涌寺・六波羅蜜寺・随心院・高山寺・大覚寺・仁和寺・南禅寺・建仁寺・高台寺・東福寺・天龍寺・妙心寺・龍安寺・禅林寺・本願寺・平等院・頂法寺・晴明神社・勝持寺・宮内庁・京都府立図書館・植彌加藤造園・智積院・本法寺・京都陶磁器協会・千本ゑんま堂大念佛狂言保存会・冷泉家時雨亭文庫・京都五山送り火連合会・法輪寺・車折神社・愛宕神社・祇園新地甲部歌舞会・東寺出店運営委員会・京のふるさと産品協会・長五郎餅本舗・京都市都市計画局都市景観部景観政策課・京都市都市緑化協会

| 文 | 清塚あきこ |
| --- | --- |
| | 徳田恵子 |
| 全体校閲 | 山村純也（株式会社らくたび） |
| 幕末期校閲 | 木村武仁（霊山歴史館） |
| イラスト | 小田塁子 |
| 編集協力 | 清塚あきこ |
| 装丁・デザイン | 北尾崇（HON DESIGN） |
| | 小守いつみ（HON DESIGN） |

3日でマスター！
# 京都検定3級　虎の巻

| 発行日 | 2020年9月30日　初版発行 |
| --- | --- |
| | 2024年5月31日　二版四刷発行 |
| 編者 | 京都新聞出版センター |
| 発行者 | 杦本修一 |
| 発行所 | 京都新聞出版センター |
| | 〒604-8578　京都市中京区烏丸通夷川上ル |
| | TEL 075-241-6192　FAX 075-222-1956 |
| | http://www.kyoto-pd.co.jp/book/ |
| 印刷製本 | 株式会社京都新聞印刷 |

ISBN 978-4-7638-0735-9 C0026 ¥1000E
©2020 Kyoto Shimbun Publishing Center
Printed in Japan